문장을 찾는 사람들,

내게로 오라

문장을 찾는 사람들, 내게로 오라

---

초판 1쇄 인쇄   2010년 10월 15일
초판 1쇄 발행   2010년 10월 23일

지은이 | 이수진
펴낸이 | 손형국
펴낸곳 | (주)에세이퍼블리싱
출판등록 | 2004. 12. 1(제315-2008-022호)
주소 | 서울특별시 강서구 방화3동 316-3 한국계량계측회관 102호
홈페이지 | www.book.co.kr
전화번호 | (02)3159-9638~40
팩스 | (02)3159-9637

ISBN 978-89-6023-445-1   03320

이 책의 판권은 지은이와 (주)에세이퍼블리싱에 있습니다.
내용의 일부와 전부를 무단 전재하거나 복제를 금합니다.

# 문장을 찾는 사람들, 내게로 오라

이수진 지음

문장을 찾는 사람들,
내게로 오라.
여기, 세상보다 더 깊은 세계가
책 속에 묻혀 있으니.

# 차례

(1) 젊음 _7

(2) 순수 _91

(3) 시련 _171

# (1) 젊음

젊음에 반항하지 않고서
젊음은 다가오지 않는다.
잠든 오늘 속 하루에 머무른다면
꿈꿀 수 있는 운의 기개는
잠든 오늘,
다른 꿈의 하루로 널 날려버릴 것이니
잠든 오늘로 꿈의 기개를 꺾지 마라.
그것은 젊음에 가장 치열한 죄가 된다.

## 실수는 희망이라는 칼날로 수치를 그어버린다

모든 위대함을 약속시키기 위하여 거대한 운명이 선사하는 것.
세월 위에서 그것은, 언제나 모든 젊은이들의 가슴속. 더 분명한 의지를 향하여 점점 더 확실하게 반복될 것이다.
그 지겹도록 그어지는 험난함 속에서 무뎌진 자신으로 살아가느냐, 아니면 그것을 딛고 일어나 원하는 새로움으로 다시 서느냐.
모든 것은 언제나 스스로 창조할 젊음에 달려 있다.

### 뒤쪽 그늘에 대하여 애써 외면하지 마라

이미 저질러버린 고유의 약점과 실수들에 관하여 헛된 상상을 품지 않는 것.
현실의 모든 마법은 이미 지나쳐버린 기력으로부터 그 힘이 새어나오게 되어 있다.
인간의 에너지라 불릴 수 있는 그 신비의 힘은 그것을 담을 수 있는 그릇에서만 완벽히 담겨질 수 있는 것인데.
과거로부터 빚어지는 이 틀에서 매순간 자신이 찍혀 나오는 그 생산의 방식은 실패와 실수와 약점이 더해질수록 더 견고한 자신을 만들어 낼 수 있는 새로운 기회가 되기도 한다.
왜냐하면 인간은 매순간 직관이라는 신의 사자로부터 변화할 수 있는 작은 머릿속의 기적들을 끊임없이 요구당하기 때문이다.

## 뜨는 별에 우주는 그 밤을 내릴 것이다. 영원토록 빛나라고

오늘밤에 실패만을 위한 서글픔이 흘러들어와 자신을 불안한 울음 빛으로 물들이게 된다면, 밤하늘의 별빛들과 모든 마음의 품을 조용히 나눠가져라.

언제나 세상은 불공평이라는 심란함에 가끔 터져 오르는 자괴의 울림까지 번갈아 자신의 의지를 무수히 공격해오지만, 또 한편에서는 설명할 수 없는 여러 행위의 시인들이 하늘에 뜬 별빛만큼이나 아름다운 기력들을 쏟아내며 고유한 개성의 빛을 끊임없이 흐르도록 하는 법이다.

아름다움을 감상할 수 있는 특별한 마음의 책임자는 부디 그 자연의 사실대로 우주의 평온함을 오해하지 않도록 자신을 지킬 줄 알아야 하는 것.

언제나 별빛의 은은함은 깊은 밤이 내릴수록 선명함에 관한 작은 기쁨이 쉽사리 잠들지 않게 되듯이, 세상의 순리를 분명하게 끌어안을 예술적인 사람만이 자신이라는 미래의 작품을 정확히 감상할 수 있게 되는 것이다.

## 운명의 이해는 언어를 통하여 오지 않는다

생의 경이로움은 삶의 연을 놓지 않고 있을 때, 보이지 않는 샘으로 조용한 가치의 물길을 연다.
전혀 의도하지 않던 곳에서 거대한 울음이 한꺼번에 터져버릴 수 있도록 서서히 심연의 지하로 자리를 다지는 것이다.
그리고 마음이란 사람의 대지 위로 조용한 때가 오르게 되면, 삶의 복잡한 모든 혼란들이 언어를 통하지 않는 단 하나의 이해로 온몸에 벅차오르게 되는 것이다.
그렇게 인생의 거대한 이해일수록 이해는 언어를 통하여 오지 않는다.
오히려 인생 최고의 순간에 가까울수록 모든 설명을 거부할 스스로의 눈물들로 한꺼번에 풀어지게 되어 있는 것.
그러니 결코 자신을 저버리지 마라.
언제나 자신이 일으킨 울음보다 세상이 울려줄 앞으로의 눈물들이 천지에 널려 있게 되는 법이다.

## 조급함은 네 은밀한 곳으로부터 가장 빠른 길을 제쳐두기 시작한다

젊음은 그 가벼운 기운대로 언뜻, 조금의 무게가 더해지면 결코 진지한 것이 아니라 심각함이 이끄는 대로 몸을 가누어버린다.
그러나 사실 자신의 청춘보다 더 가벼워야 할 것은 없다.
심각함을 흐리게 쓴 진지함의 필체로부터.
원하는 모든 기록이 심장에 내려지도록 자신만의 행위를 온몸을 걸라.
그것의 중심은 언제나 자신만의 속도를 자신감의 기대보다 약간 늦추는 은밀함에 있다.

## 오직 오늘을 살 때, 치열함은 피어오른다

오늘을 자신의 의지만으로 입히는 데는, 최소한 한 사람의
숨이 그 안에 잠든 열기를 서서히 흩뜨려 놓아야만 한다.
열정은 그냥 피어오르는 것이 아니다.
시작과 유지를 아는 것.
치열해질 수 있는 요령을 아는 것.
그 모든 일이 우선 오늘을 사는 하루로부터 흘려지게 된다.

## 알지 못하는 것에 개는 짖는다

남들이 소유하지 못한 것에 대하여
자랑하는 것은
바보들의 합창에 한 화음을 넣어
함께 목소리를 울려내기로
대대적인 약속을 정해버리는 것과 같다.
많을 것을 얻을수록
주위를 살펴가며 조금만 소리 지르라.
삶을 노래하는 데 자랑은 특별히 재미있는 수단이 되지만,
격식과 상황에 맞지 않는 무례함으로
무작정 소리친다면
인생을 즐길 수 있는 가장 탁월한 파티를
얼마 지나지 않아 곧 잃어버리게 될 것이다.

## 기적의 이유는 믿음이 의지하는 것에 있다

결국 자신의 일을 믿게 되는 것, 모든 종교의 목적이 그곳에 있었다.
그러나 어리석음보다 아래에 묻혀, 기적보다 먼저 앞서나가 자신의 일을 그르치지 마라.
정말 고뇌해야 하는 것은 잊어버리며, 단지 거대한 집단의 말로 엮여버린 기준 없는 중심은 세력의 완성을 위해 만들어진 이야기 속, 하나의 기도에만 모든 믿음을 쏟아버릴 것이기 때문이다.
죽기 전엔 아무도 알 수 없는 것에 관하여 너무나 많은 사람들이 한꺼번에 확신하며 말하는 기적엔, 거대한 집단으로 다가가 가까움을 담아내지 않는 것.
언제나 이 종목의 고뇌는 그런 믿음의 방식으로 스스로의 고독과 외로움을 지나며 종교의 이유를 열 때, 기적을 이끌게 된다.

## 숨 쉬는 살갗과 춤추는 내 영혼. 춤추기 시작하면 숨은 멈추고 숨 쉬기 시작하면 춤이 멎는다

습관은 의식과 육체의 분리를 금기하는 제일의 입구이다.
만약 새로운 시작에 앞서 뜨거운 불을 타오르게 할 수 없다면, 그냥 무작정 참아보라.
그러다 어느새 네 숨이 네 의지를 따라잡을지 아무도 모르는 것이기 때문이다.
언제나 오랫동안 그것을 그리는 사람에겐, 인류의 여백 위로 그 예술이 자기 자신이 되어 내걸린다.

## 수치는 시작의 이름이 된다

모욕들이 자신을 해할 때마다, 한탄만을 풀어 헤친다면.
누군가는 시작의 기회로 삼을 절호의 순간을 냉정하게 내버리도록 하는 것이니.
너만 탁월한 기회 앞에서 무너져 내리지 마라.
자신을 감싸 안는 모욕의 비는 난폭함 그대로 젖게 되지 않는 것.
언제나 강인해지려 하는 자들에게만 스스로 달려가 희망이 되는, 그 동시의 이름이 바로 수치라는 것이기 때문이다.

## 노력하면 얻어지는 것, 그것이 흥미다

흥미란, 아무런 신경이 솟지 않던 작은 장난들이 갑자기 때로 뭉쳐지면 진지함이 뒤섞이는 놀림과도 같다.
그렇게 사람의 정신은 관객과 마주하는 소극장의 쇼크처럼 끊임없이 다른 이들의 눈을 마주치고 있는 것이다.
그러니 그 흥미의 공연에 속아 넘어가지 마라.
단지 남들보다 잘할 수 있는 작은 활력 속에서 나중을 기약하다 보면 그것이 거대한 운명으로도, 아니면 운 좋게 일어날 과거의 추억으로도 흥미에 대한 물음이 가볍게 정의될 수 있는 것이다.

## 미친놈도 성은 지키기 쉽다

짜증은 모든 무너짐을 소유한 사람에게조차 찰나의 순간에 세상의 지배자로 만들어버리는
미묘한 마력이 있다.
그 힘은 사람이면 누구에게나 미치는 것이어서 어느 순간에라도 경계하고 있어야 하는 것.
그래서 그런 지배자들 사이의 영토는 멀리 돌아가야만 하는 세상인 것이다.
지키기 쉬운 성만 쌓아나가 다른 사람들의 우위에 서려 하는 그런 악독한 성주들에겐 어떤 모습도 눈에 띄게 하려 하지 마라.
그들이 먼저 발견한다면 이미 늦어버린 일이 될 수 있기 때문이다.
이상한 세상의 다음번 성주로 그냥 찍어버릴 수 있는 것이다.

## 파괴는 그늘의 시작이다

나른한 햇살 속에서 일어나는 예쁜 태양은 사람을 키우는 어미로 무한히 빛날 수 없는 법이다.
성장을 위한 행위는 자신의 과거를 무참히 깨뜨리는 데 있고 저지를 파괴는 언제나 고통이 먼저 따라붙는데.
다가올 그늘 속에서의 각오를 스스로 펼쳐내지 못한다면 밖에서 무작정 비치는 따스함에 매료되어 그늘을 찾는 법은 잊어버리고 어느새 돌변한 무서운 따뜻함에, 파괴를 모르던 본래의 자신으로 돌아갈 것이 뻔하기 때문이다.
명심하라.
언제나 엄한 일이 없는 품은 곧 슬픔만을 타는 사랑의 자격이 된다.

## 언제나 가슴은 두뇌보다 먼저 기억에 달라붙는다

어떤 분야이든 영재와 수재가 그 세계를 이끌어가지만, 경험과 고뇌가 창조의 바탕이 되는 정치와 문학의 세상에선 가벼운 전설을 발견할 수 없듯이.
인간의 관계에 관한 기억의 영역에서도 젊은이가 지닌 사고의 깊이에선 반복된 실수가 먼저 싹을 피워내기 마련이다.
자신과 상대의 기억을 지배하기 위해서 그 꽃을 스스로 몇 번이나 꺾어 내야 하는지는 결국 각 사람마다 다르겠지만.
항상 어린 꽃이 삶의 상사를 이길 수 없는 이유는 싸움이 일어날 때마다 격한 감정에 논리를 붙여내 이미 불이 붙은 자연의 마음에 더한 불길을 붙여놓기 때문이다.

## 반복은 탄생을 가져온다


성공한 모든 이들의 공통점 속에서 얻을 수 있는 분명한 진리는 같은 것에서 얼마나 많은 발견을 하는가.
바로 그것에 재능의 핵심이 위치한다는 것이다.
반복하라.
탄생은 무작정 하는 반복의 투지가 아니라, 그 속에서 얻는 고유한 발견의 반복들로 특별함을 가져온다.

## 서로 지킬 것이 없는 쾌락은 그 생이 얼마가지 않는다

연예인들의 멋진 말이 철학이 될 수 없고, 젊은이들의 당찬 행동이 사회적 기준이 될 수 없는 이유는 그런 말과 행동의 뒤에서 아무것도 잃을 것이 없기 때문이다.
생을 다 바쳐 얻는 경력들 위에서 쏟아지는 발언들은 결국 자신의 모든 것을 거는 말이 되지만, 속빈 과자처럼 한번 씹으면 바스러지는 어설픈 표현들은 그래서 어디서든 무시당하기 쉽다.
큰 영향력을 내밀고 싶다면 우선 시대에서 인정받는 길을 걸으라.
그 길 밖에서 발악하는 사람은, 아무리 소리 쳐봐도 결국 세상과 합의할 수 없는 바보라는 자랑을 지나치게 떠들어대는 한심한 사춘기 소년으로 영원히 남겨지는 것일 뿐이다.

## 최소한의 성공이 들어와서야 남을 인정하는 나약한 생명, 그것이 인간이다

작은 수다에 취하지 마라.
그런 들뜬 기분에 휩싸여 망쳐지는 하루의 세계에선 그 어떤 짐승도 강렬해질 수 없는 법이다.
먹이를 숨겨둔 야생마처럼 차분함을 지키고 달리기를 준비시켜둬야 한다. 그렇지 않으면 무더기로 뭉쳐져 무리에 가세해야만 삶을 살아갈 수 있는 나약한 사람들 속에서 평생 벗어나지 못할 것이기 때문이다.
삶을 누리는 재미는 남들이 갖지 못하는 것을 갖는 데 있지만, 만약 그 절제들을 지켜내지 못한다면 지나간 과거만을 함께 소유함으로써 얼굴을 맞대어보는 대다수의 어설픈 우정처럼 평생 평범함만을 맛보게 될 것이다.
자신만의 목표가 없다면 차분함, 절제, 겸손, 성실 등 남들이 인정하는 작은 성공이라도 불러들여라.
그렇게 해야만 다른 존재를 인정할 수 없게 만드는 나태, 오만, 무지, 분노, 거짓에 농락당당하지 않게 된다.

## 가장 먼저 의문하는 자들에게 세상은 언제나 비명을 내지른다

선구자.
그 이름의 가치는 그 종류의 역사가 인류에게 존재할 그날까지 계속될 거라는 데 있다.
그러나 남들이 보지 못하는 것을 보는 그들의 두 눈은, 꼭 화려함을 얻어야만 빛나는 일이 되는 것은 아니다.
남들이 제대로 보지 않는 의문을, 스스로 완성시키기까지 수많은 모욕과 좌절, 인내와 고독이 있었겠지만.
인간으로서의 의무를 다하기 위해 삶을 헌신한 자들은, 결국 자기 자신이라는 특별한 소유를 얻게 됨으로써 환경과 유전, 외모와 운명을 떠나 스스로 인생을 선택할 수 있는 특별함이 내려지게 된다.
바로 그 무엇과도 바꿀 수 없는 자신만의 인생을 얻게 되는 것이다.

## 시간은 인내를 이해시키며 너를 기다릴 것이다

타고난 예술에서 결국 찾아지는 것은 명성이지만, 지나친 유망함에 이끌려 시대보다 앞서 유행만을 좇는 일은 자칫 명성과 유망함을 헷갈리게 할 수 있다.

단지 운에 의해서 빠르게 시대 앞으로 솟아나든지, 서서히 시대의 수면 위로 떠오르든지 모두 운명의 장난에 달려 있는데.

어쩔 수 없는 일이 타고난 신경을 반복해서 갉아먹게 해버리는 것이다.

만약 어떤 매력이 계속 머릿속에 솟구쳐 그것을 반드시 해야만 하는 자신이 예술로 떠오를 때, 그것을 무시하고 단지 다른 사람들의 분위기만 무작정 따라간다면 각자가 지닌 전성기를 이끄는 인내의 문이 사소한 유흥의 놀음에 금방 닫혀버리게 되는 것이다.

## 감각이 있어야 할 자리에 생각을 던지지 마라

많은 생각은 준비를 담지만, 생각만큼 언제나 현실은 다채롭지 않다.
인간사에는 같은 사실에 표현만 달라지는 작은 장난들이 계속되는 것이다.

## 우정이 강해질수록 질투는 달콤해진다

자신도 모르는 사이 튀어나온 작은 말빛이 상대의 기억에 새겨져 씻지 못할 칼빛으로 빛날지는 그 누구도 알 수 없는 일이다.
그것은 조용한 지지의 순간에 어느덧 일어나 차분히 기를 죽일 수도 있고, 망망대해를 달리는 성공의 대지 속에서도 성난 산을 일으켜 모든 지형을 뒤바뀌게 할 수도 있다.
그러니 피를 모으지 마라. 그것은 자신이 흘린 피라고 물속에서 베인 살갗처럼 서서히 뜨거워지게 될 수도 있으니.
특히 살기어린 상처는 언제나, 푸른 눈빛을 띠어 상대 바로 옆에 놓아 보내진다.

## 한 가지 경험은 한 가지 가치를 부른다

경쟁은 언제나 가까이 사는 동물들 옆에 자리를 내주어 생존이라는 본능을 유지시키듯, 한 가지 새로움에 관하여 현실은 일단 싸움이라는 물건을 내면의 옆자리에 살짝 저질러놓고 본다.
모든 것은 같은 사실에 일어나지 않는다.
경험을 얻은 자의 위치와 그곳에서 일어나는 해석의 물결, 결국 내면에 위치한 자신에게서 새로운 경험에 의해 새로운 가치가 터지는 것이다.
그래서 싸울 것이라면 제대로 싸우라는 것이다.
그 제대로 된 싸움에서 곧 현실이 태어날 것이니.

### 적절한 차별은 사람을 만든다

둔감한 사람들의 심장을 아무리 찔러봐야 자신이 당한 치욕만큼 치명적인 바늘이 그들의 기억에 수를 놓진 않는다.
지혜는 선한 것도 아니고, 악한 것도 아니다.
다만 자기 자신의 내면에 대한 독설일 뿐이다.

## 실수를 잊는 단 하나의 이유로 모든 실수는 되풀이된다

물론 매력적인 포장이 물건의 숨결을 고르게 하지만, 그 화려함의 끈을 풀기 전까지 속에 든 것이 무엇인지는 아무도 모를 수밖에 없는 것이다.
그처럼 그 사람의 진정한 가치도 실제 겪어봐야만 알 수 있는 것.
바로 그것이 인간이기 때문이다.
얼마 가지 않아 신뢰를 주는 우를 범하지 마라.
이른 가까움에 열어젖힌 여유는 모든 것을 잃어버릴 낙심으로 되돌아올 수도 있다.

## 사람을 믿지 마라

사람을 믿지 말라는 것이 아니다.
그들의 나태와 시기, 거짓과 오만을 믿지 말라는 것이다.
사람은 어떤 실수 앞에서 그것을 들키게 되면, 그 순간엔
진심을 들여 잘못을 빌어 올린다.
두려움에게, 수치심에게 자기 양심에 들켜서 진심을 다할지
모르나, 다만 그들의 반복은 대개가 이어질 수밖에 없다.
보통 정신의 가장 약한 부분이 사람을 결정하는 것이기에,
우리는 자신을 보호하기 위하여 우선 인간의 자질에 관한
편견을 심어둘 수밖에 없는 것이다.
사람에 대한 불의가 아니라, 사람의 나태와 시기와 거짓과
오만에 대하여 주는 분명한 경계들로 한 사람의 부분들에
게 값진 믿음을 아껴내야 하는 것이다.

## 변명은 나약함의 상징이자 신뢰를 찢는 칼이다

변명은 언제나 자기 자신이 아닌 남이 해주는 것에 감동이 있다.
변명을 하고 싶다면 제대로 하라.
사람의 관계 속에서 자신의 지지자를 아는 것.
무서운 일이 터지기까지 조용히 그들을 포섭하는 것.
그에 대한 재능은 평범한 사람들에 관하여 절대로 무시하지 않는 것이다.
그러니 자신이 특출 난 재능과 노력만을 믿고 주위 사람들을 무시라는 절벽에 올려 세우지 마라.
언제나 평범한 사람들이 자기 자신의 창조에 관하여 가장 중요한 부분으로 남겨지는 법이다.

## 경계는 만족을 지닌다

감정의 혼돈에서 빠져나오는 데는 정신이 아닌 육체가 그 답을 쥐고 있다.
만약 어떤 시작에 곧바로 실패해 자신에게 머뭇거릴 시간이 찾아온다면, 온 세상으로부터 움직임이라는 행위에 기대어 자신을 숨겨낼 수 있어야 한다.
내면의 간단한 불만에 의해 모든 격정이 치솟는 것. 그것이 사람의 마음이고, 그 마음은 사람의 육체로부터 숨겨지는 것이다.

## 들을 수 없는 고통은 말할 수 없는 고통으로 이어지기 마련이다

내면에 거는 말은 때때로 고민보다 다른 이에게 하는 말 속에서 유유히 흐를 수 있는 법이다.
대화라는 힘의 신비는 바로 거기에 있다.
다른 이로 하여금 자기 자신의 이해에 관하여 본래의 인간보다 앞설 수 있다는 것.
그러니 만약 어떤 일이 풀리지 않아 본래의 고민보다 높은 곳에서 내면의 역할을 그 무엇이 막아놓는다면 바로 자기 자신보다 남을 이용해보라.
언제나 다른 이들로 하여금 자신의 역량을 드러낼 줄 아는 일은 결과를 만들 줄 아는 모든 창조자에게 전해진 가장 위대한 재능들 중의 하나였으니.

## 침묵은 모든 상대를 무력화시키는 힘이다

바보들은 어떤 말에도 흥분하여 달려오고, 현자들은 어떤 말에도 침묵하여 차분함이라는 이상을 붙여낸다.
그러니 누군가에게 가장 큰 굴욕을 던져야 하는 때가 오면, 냉소어린 침묵만으로 상대하라.
바보들은 어떤 말을 해도 말에 말을 붙일 것이고, 현자들은 알아서 고통이라는 무게감을 달고 갈 테니.

## 짜증은 힘이 없는 분노다




지적하는 실수들은 반감이라는 악을 쓸어오지만, 기억 속 쌓여가는 실수의 목록들은 순간순간 닥쳐올 살기어린 눈빛마다 상대를 손쉽게 웃어넘길 여유의 기술이 된다.

그러나 상대가 미쳐버린 그 순간엔 어떤 말을 하더라도 상대의 의지 속으로 분노만이 들어가게 되어 있으니, 기다렸다가 기억이 조용한 때에 머무르는 사람의 시간에 뜨거운 혀의 발음으로 차분히 쌓인 기의 칼날을 하나씩 뽑아 들어라.

그것은 어리석은 이의 반항 앞에서, 어린 자의 실수 앞에서 곧바로 심장으로 파고들어가 정확한 낙인이 되는 불의 흔적으로, 당신을 볼 때마다 뜨거움을 얻게 할 가장 강력한 무기로 되돌아온다.

## 처음 들어오는 순간이 기회다


말은 한번 지나가면 모든 기회가 사라지는 것.
피곤과 맞바꿔버린 제대로 된 꿈처럼 아무것도 기억나지 않는다.
그러니 할 말이 있다면 혀를 들고 자신의 패를 쏟아 부어라.
그런 말을 여는 힘은 언제나 상대의 싸움이 아니라 자신의 감각 속에 감춰져 있는 법.
제때 부르지 않는 분노의 힘은 언제나 제대로 내쳐지지 않은 도박의 패처럼 되돌아와 자신을 늦은 후회로 불러오기에. 다른 이의 화가 아닌 자신의 내면을 위해 가끔 제대로 던져야만 하는 것이다.

**내가 속한 세계를 벗어나거나 내가 속하지 못했던
세계를 방문하는 일. 그것이 여행이다**


작은 한숨처럼 다음번의 호흡을 위하여 잠시만이라도 삶을 느려지게 하지 않는다면, 숨은 본능대로 흐르지 않을 것이다.
너무 오래 다른 숨을 쉬지 마라.
새로움에 관한 탐구는 넓은 세상에 대한 특유의 향취를 불러오지만 그마큼이나 길어진 현실의 감각은 지나치게 늘어질 수도 있다.

## 진실에 입을 맞추라

손끝이 아닌 손목의 타악들은 깊이를 오랫동안 유지하는 연주자의 실제 깊이가 된다.
가벼운 듯 흘러가 핵심만을 찔러대는 그 요령의 손짓들에 삶을 걸라.
무작정 성실만을 끌어내려 밤까지 새버리는 새는, 아침에 일어난 먹이에 입을 맞출 수 없는 법이다.

물든 세상의 사랑.
세상을 세상으로 덤벼보기 시작한다


스스로 그 몸에 배어 그런 기질을 이미 갖고 있거나 특별한 그 방식이 심히 즐거운 것이 아니라면, 남에 의해서 되새기는 몸의 리듬에 춤을 걸지 마라.
다른 이의 눈길대로 취해버린 정신은 곧 생각의 크기를 사회만큼만 자라나게 할 것이다.

## 내가 있어 세상은 태어날 것이다

금이 더 큰 금을 부르듯, 자신의 가족이 이미 사회의 큰 활력을 멋대로 부릴 수 있다면 그것을 꼭 움켜쥐어라.
좋은 환경을 타고났으면서도 이상한 호기에 독립심만 키워내는 것은, 성공까지 달리는 시간을 늦춰놓기만 할 뿐이다.
운명 앞에서 어차피 성공할 수밖에 없는 인물이라면, 자신과 사회의 재산을 가능한 탕진하지 않은 채 전력을 다하는 것이 모두에게 가장 좋은 방식이 되기 때문이다.

## 왜 인간 따위에 신경 쓰는가

다른 것으로 하여금 자신을 더럽히지 않는 것.
세상에 관한 가장 위대한 여유가 바로 이곳에 있다.
왜 인간 따위에 신경 쓰는가.
만약 어이없는 짜증과 사소한 분노에 매번 휩싸인다면, 자신이 고작 그만큼이라는 사실을 모두에게 폭로하는 셈이 된다
그런 셈을 누리지 마라.
얼마만큼의 나약한 인간인지.
곧 스스로, 자신 안에 들어찬 별 볼일 없는 인간 따위에 온 신경을 곤두세우게 될 것이다.

## 신뢰를 파는 상인은 자신만을 위해 미소 짓지 않는다

작은 말을 할 때조차 말의 근원인 자신감이 두근대는 사람들은, 결국 아무 말도 하지 못해 다른 말로 모든 것을 꾸며대기 마련이다.
언제나 자기 자신으로부터 단지 말이라는 것을 잊지 않아야 한다.
자신이 먼저 보여줄 수 있어야 그에 맞게 사람들이 말에 따라 말을 붙일 수 있기 때문이다.
항상 여유를 보여주는 일.
어렵게 생각하지 않는 데엔 언제나 작은 미소가 그 시작에 선다.

## 혼란을 잠재우는 핵심적인 질문, 그것을 아는가?

웨이터가 불손하게 굴면 그 상사에게 채찍질을 던져보라.
고삐 풀린 망아지는 지나가는 다른 주인에겐 고개를 숙여 대지 않는 법이다.
그런 명령의 절차를 내 손아귀에 쥐게 할 힘은 어디서나 야생의 법칙을 존중하는 것에 있다.
영향력이 들어가는 통로마다 핵심의 질문을 미리 던져보는 것.
상대해야 하는 짐승마다 그들의 싸움 방식을 살펴보는 것이다.
자신한테 들이닥칠 무례가 커져 오면. 일단 한번 침묵하라.
언제나 먼저 소리쳐야 하는 것은 싸움의 방식에 관한 핵심의 질문이 된다.

## 내 침묵이 너를 무력하게 할 것이다.
## 무례는 상대를 제압할 절호의 기회가 된다

이미 수그러들 일이라면 소문에게 빌붙지 말고 조용히 시간을 기다리라.

모든 것이 뒤집어지는 순간 너의 이름은 모두에게 다시 태어나게 될 것이기 때문이다.

그러나 만약 저절로 사라져버릴 뜬구름에 우산을 펼친다면, 오지 않는 비에 사람들은 더 큰 손가락을 세워대기 시작한다.

언제나 반전은 명예라는 기로 앞에서 그 소문이 끝난 뒤에 이름을 두 배씩 키워놓지만, 그런 반전은 치졸한 공격들 위에서 외로이 이뤄가야만 하는 것이다.

## 흥분을 담아내지 않는 눈 속에 모든 질서가 잠들어 있다

리더는 주목받기 위해 소리치는 존재가 아닌 것이다.
만약 사람 위의 사람을 꿈꾼다면 명령을 칠 수 있는 자신만의 시기를 알라.
명령의 때가 있는 것.
조용히 듣고 일어설 수 있는 무서움의 때가 따로 있는 것이다.
혼란 앞에서 차분함을 알고 있다가, 자신에겐 혼돈을 뒤집어씌우지 않은 채.
그리고 상대의 혼란이 식어지는 그때가 돼서야 명령을 토해내는 것.
그것은 앞서 있던 지배자들의 모든 기적이며 이미 공개된 더 많은 비밀들로써 모두가 알지만 행하지 않는 행위의 명성으로.
이미 알려져 있는 세상의 창조에 관한 설명서인 것이다.
그러니 그 누가 봐도 보기 좋게, 흥분하지 마라.
바로 그런 두 눈 속에 세상을 담는 비범함이 있다.

### 삶의 경이로운 비밀들은 공개해도 공개되지 않는 더 많은 비밀들로 되돌아오게 된다


걱정 말고 젊음의 사이사이에선 자신의 기술들을 들고 함께 나눠라.

누군가에게 들킬까 봐 사고의 공유가 없는 젊음들은 있지도 않는 사실에 빼앗겨버린 사이비 종교의 영혼처럼 얼이 빠져버린 것이다.

그 교류는 자신의 가슴을 키우는 열정이 되며, 결코 아직 존재하지도 않는 젊음의 가슴에 있어서 도둑질을 당하는 거대한 부가 되진 않기 때문이다.

## 진정한 젊음은 젊은이의 외모를 기억할 수 없음에 깨닫는다

유행과 세련됨에 때때로 다가가 고립되지 않는 젊음으로 젊음을 낭비하지 않는 것.
그것은 인생을 즐기는 가장 탁월한 방식의 하나가 된다.
게다가 졸음이 터지는 대화에선 묘한 악취까지 나는 것이니, 시대의 유쾌함을 모르는 젊음을 갖지 마라.
만약 젊음이 끝난 후 돌이키는 미래의 시간에서, 행한 것이 아닌 해보지 못한 것에 그리움을 품는다면 세상에서 즐길 그 많은 줄거리 중에 가장 절정이었던 영화의 한 막을 스스로 내려버리는 것이 된다.

## 새로운 해석의 발견이 아닌 새로운 행동의 발견을 위해 성경은 존재하는 것이다

여행을 모르는 사람들의 가방은 언제나 그 여행보다 더 큰 무거움을 지녀버린다.
즐길 것들보다 감수해야 하는 사실이 더 많은 삼류 여행가는 어리석은 서두름에 직관을 사소한 곳들로 꽂아두게 되는 것이다.
그러니 눈앞에 두고도 일상에서 흔들어댄 다른 사람들의 목소리에 헛된 허상을 반복하지 마라.
자신이 아닌 다른 이들의 길을 따라 모든 것을 도배하는 굶주린 여행가의 현실은 언제나 자신의 몸으로 겪어지지 않는 비루함 속에서 지루하기만 한 걸음을 스스로 내려버리게 된다.

## 인정을 내어줄 수 없는 고통은 결국 자신에게로 다시 오르며 뜬다

놀라울 정도로 뜨거운 태양의 비도 얇은 천조 각 아래에선
그늘이라는 빛의 웅덩이를 파내어놓듯이.
한 사람의 위대한 재능도 그에게 치명적인 아주 작은 방해물 뒤에선 모든 것을 잃어버린 채 서늘한 어둠만으로 서 있게 되어버릴 수 있는 법이다.
인간의 재능 앞에선 사소한 말의 장막이 바로 그런 것인데,
그러니 스스로 되돌아와 꽂힐 비수처럼
여기저기 파고들어가 남의 정신을 함부로 풀어헤치지 마라.
언제나 그것은 실패를 열게 하는 비명과 함께 어디에게로 다시 질러 오를지, 그 누구도 예상 할 수 없는 서늘함만으로 져버려진다.

## 자신을 믿지 못할 자에게 고뇌는 탄생되지 않는다

결국이라는 정신의 마감 앞에서, 사람은 이로움이 가득 차게 되지 않는 마음의 행위를 고뇌라 정의하지 않는다.
어떻게, 무슨 길을 가더라도 그 길의 끝에선 성공한 자신의 모습을 쳐다볼 수 있도록 안내하는 것이 바로 고뇌인 것.
결과물에서 흘러내릴 감탄의 빛이 바로 고뇌라는 것이다.
그러나 만약 자신이 그 어떤 미래에도 새롭게 탄생될 수 없다고 스스로 자신한다면 무슨 수를 쓰더라도 세상만을 따라잡는 데 온 노력을 기울여야만 할 것이다.
언제나 믿음에 관한 욕심이 먼저 터지지 않는 저질의 소유욕은 형편없는 인간의 미래를 암시할 분명한 조짐이 되는 것이기 때문이다.

## 비판은 희망을 향한 지혜의 계획서다

비판은 희망을 위한 것.
제대로 된 희망을 부르기 위하여 각인된, 인류의 고안인 것
이다.
그러니 반대의 칼로 상대의 피를 뽑기 위해 던지기만 하는
논쟁은 자신 안에 키우지 마라.
비판은 언제나 제대로 된 희망의 기술을 위하여 존재해야
하는 것이기 때문이다.

**자신만의 정의를 부여할 때 위대함은 탄생되기
시작하고, 스스로의 정의를 의지할 때 위대함은
완성되기 시작한다**


젊음 앞에선 부에 대한 논리의 크기가 정확함을 찾더라도 막상 가난이 자신에게 닥쳐오면, 뜨거운 가슴이 머리까지 올라가 뇌를 태워버리는 것이 사람의 마음이다.

그러나 끝내 자신을 찾아간 이들은 어떤 갈증이 목까지 차오르더라도 구걸하는 손을 쉽사리 뻗치지 않는 인간다움의 멋을 가질 수 있게 된다.

그 힘을 쟁취한 무리의 유행은 언제나 시대를 앞서간 소수의 인물들에게 돌고 돈 정신의 기력인 것인데.

그들만의 방식은 언제나 그 누구보다 치열한 개성의 자만에 있게 되는 것.

(1)
젊음

그렇게 그 누구도 꺾지 못할 위대한 오만의 시작은 곧 세상이 정의하는 새로운 단어의 표준으로도 다시 쓰일 수 있는 것이다.
자신만이 아는 진실을 캐내기까지.
결국 당당해야만 하는 여정에 있어서는 전부를 걸어가 보라.
최소한, 스스로의 첫 선망이 되는 겁 없는 시작은 그 자신감으로부터 새어나오게 되어 있다.

**오직 자신의 직관만이 인류의 중심을 향한 여정을
이루게 한다**


자신의 감성과 논리 그리고 아주 가끔 그 위로 떨어지는 영감의 방울들로 세상을 확인하라.
바로 그것에 자신의 가슴을 키우는 진정한 신앙이 잠들어 있다.

## 지식은 생을 결정하는 역사이자 사고를 구속하는 내면의 법이다

어떤 현실 속에 머무르기에 탄생된 자신인지 그 누구도 알 수 없는 일이다.
언제나 더 큰 너를 위하여
존재하지 않던 곳으로 뻗어나가,
사고의 무력을 끊임없이 단련시키라.
가능한 모든 지식을 끌어오는 일은 통찰의 수집을 위한 운명의 창틀로 난다.

## 실수 앞에서 세상이 네 존재를 눈감도록 허락지 마라

다수를 경험하는 것.
그것은 언제나 새로운 세계의 구경이 아니라 마음속에서 일어나는 해석의 경험에 달려 있다.
중요한 것은 후회라는, 실수를 기억하는 시간의 낭비보다 가슴속에서 부딪히는 여러 실수들에 관해 끝까지 반항할 오기와 에너지를 모으는 것이다.
그러니 단지 바라보는 것에 지나지 않는, 한심한 여행. 그 후회라는 기질에 자꾸 자신의 청춘을 낭비하지 마라.
새로운 세계로의 여행.
세상은 언제나 내면의 깊은 실수로부터 다른 문을 열게 하는 미래의 악을 가져다준다.

## 너의 냉정함은 너를 모르는 것에 있다


선택에 따라 감정이 움직이는 것.
그들의 자리엔 언제나 예술이 있다.
그러니 감상을 아는 취미에 일부러 시간을 떼어놓으라.
삶을 즐기는 한 부분을 모르는 사람들은
언제나 갑자기 쏟아지는 외로움들에
인간의 당연한 외로움을
불만과 짜증,
그 인간의 이상한 폭력들만으로 풀어헤치기 마련이다.

**아직도 난 답인지 의견인지, 확신이 서지 않는다.
그래서 세상에 관한 한, 인내만이 있지**



만약 그대가 성장의 산을 따라 한 발짝씩 발을 뻗을 수 없다면, 과거 속에서 잦은 숨을 내 몰아,
앞질러간 친구는 기억조차 못할 흑백의 영상 속에서,
이미 꺼져버린 채널을 반복하는 뜨거운 게으름처럼 실제로 숨이 꺼지는 순간까지, 지나간 과거만을 공유해 쓸쓸히 늙어가게 될 것이다.

인간에게는 정상에 오르는 일만이 중요한 것은 아니라는 것. 그러나 밀려나는 것은 밀어버리는 것을 넘을 수 없으며, 그 행복의 가장 중요한 전투에서 시기를 놓쳐 다수 속에 존재하는 소수의 기준에 들어맞지 않는다면, 의견도 확신도 아예 존재하지 않는 세상 속으로 홀로 떨어질 것이 분명해지기에.

우선 세상 앞에선 인내만을 따라야만 하는 것이다.

그리고 외워야 하는 책 한 권이 끝나고 난 후, 그 책을 이해하는 어려운 수학처럼.

어느 때가 되어서야 세상을 상대하는 방식엔, 가장 먼저 참아야만 하는 됨됨이가 제일을 차지한다는 것을 완전하게 이해하게 될 것이다.

## 나는 나의 계획에 관하여 거만하다

다수가 함께 떠들어 만들어진 사실을 진실이라 부르는 또 다른 잔인함은, 사회를 떠받치는 하나의 거대한 기둥이 된다.
그 기둥의 힘이란 너무나 거대하여 한 개인의 세력으론 어찌 할 수 없는 것.
그러니 그 힘 앞에선 고개를 숙이고 분명한 논리로 그들을 존중하라.
거만이라는 것은 자신의 계획에 있어서 존재해야만 하는 신의 마력이다.
그러나 거만의 영역을 모른 채 자신과 다른 존재에 관하여 미치도록 어리석은 거만으로 스스로 사회적 종말을 택한다면 아무런 소유도 얻지 못함에, 사회는 너무나 무서운 곳이라는 냉소만을 주워든 결말에서의 방황처럼 사소한 인생으로 한탄만을 맞게 될 것이다.

## 절제 없는 나눔의 땅에 부례를 따르지 마라

경계라는 만족을 모르는 사람의 태생은 독한 환경을 안고 타고나는 것이다.
그러니 그런 이들을 깨우려 노력이라는 신성한 힘을 함께 나누지 마라.
안타깝게도 그들은 잠든 것이 아니라 이미 죽어 있는 것이기 때문이다.

**너 세상을 살리라 내가 명하지 않았더냐.**
**네 마음 세상의 한 부분인 것이다.**
**네 자신 세상의 한 영역인 것이다**


사회가 규정하는 특별한 약점 몇 가지는 더 신경 써 멀리하도록 하라.
많은 이들이 보내는 무시의 눈빛은 자기도 모르는 사이에 감염되어, 약점보다 더 커져버린 콤플렉스로 다시 만들어질 수 있기 때문이다.
자신만의 비전과 확실함이 있다면 그 속을 굳이 구겨 넣을 필요는 전혀 없다.

그러나 시대가 요구하는 기준에 따라 자신의 미래에 올라 탄다면, 비교할 수 없는 편안함을 누리며 같은 길을 가더라도 사람의 거친 나약함 앞에 특별한 보호를 받을 수 있는 장치가 생겨나기에.
가능하면 세상의 방식을 따라 성장하라.
대부뷰의 사람들에게 서러움을 입히는 규정은 사회가 강요하는 것에 달려 있기 때문에 조금의 노력만 들인다면 그것은 얼마 지나지 않아 자신을 보호하는 사회적 치안으로 뒤바뀔 수 있는 것이다.

## 사랑으로 슬픔에 고독이 내린다. 그러나 끝 고독이 기쁨까지 덮칠 것이다

말의 뒤에서 몰래 숨을 죽이고 있는 늑대와 여우들의 이빨에 화도 터뜨릴 줄 모르는 바보들은 그 어디를 가도 딴 나라 사람으로 대접받기 마련이다.

어떤 곳에서 끼지도 못하고 나가지도 못하는 이도저도 아닌 사람들의 몫을 차지해버리는 것이다.

그러니 최소한 상대를 가려가며 정을 퍼주다 망가지지 않을 정도의 재미를 택하라.

스스로 유쾌함을 가지는 데 있어 사랑은 너무나 강렬한 것이지만, 언제나 기쁨을 먹이로 대주는 만큼 사람들은 자신한테도 사랑을 되돌려주지는 않는 법이다.

## 진정한 예의는 말의 뒤에서 그 은밀함이 달아오른다

흥미를 잃어버린 어색함 속에서 굳이 많은 말을 새로 찾지 마라.
잠시의 어색함을 막는 사람의 머리라는 것은 그 대부분이 험담과 거짓으로 길이 이어지게 되어 있어서.
질 좋은 침묵이 없는 길이라면 사람의 사이사이에서 누구도 아닌 자신의 정신을 좀먹는 타락들이 일상에 만발해질 수밖에 없다.
사소한 장난질에 잠시의 어색함이 끝없는 비열함과 맞바꾸는 것이다.

## 분노는 너만을 놀라게 하기 위해 죽을 것이다

사회가 제시하는 최소한의 자격들을 타고 노는 것.
자신의 약점이 되지 않는 편안함을 기르게 할 수 있다.
그러므로 분노하지 말라는 것이 아니다.
사회의 분노를 피할 눈길을 따라, 너만의 분노는 제대로 표출하라는 것이다.
분노하라.
그것이 널 강하게 할 것이다.
그러나 침묵하라.
그것은 널 완전하게 할 것이다.

## 처음이 힘든 법이나 가장 편한 것이다

어수선함이 사로잡는 공포는 젊음이 어느 정도 지나고 나서야 무서운 고개를 드러내는 법.
되돌릴 수 없는 때가 등 뒤를 덮치는 한기에 늙은 몸을 고생시키지 않고 싶다면 젊음의 날로부터 오직 자신만 관리하는 감각에 날을 세울 수 있어야 한다.
처음을 사로잡아라.
일단 그것에 올라탈 수 있다면 다음은 쉬워지는 것.
그것의 방식은 언제나 자신이 아닌 한, 그 누구도 위하지 않는 마음에 있는 것이다.

**사회 속에서 신념을 얻어낸 자는, 사회가 잘못된 길을 갈 때 잘못된 길을 따라갈 수밖에 없다**

어리석은 여성은 스스로 대중심리를 만들어놓고 그것에 위험한 경쟁을 가해 결국 그 모든 책임을 남자에게서 돌려받는다.

아름다워지기 위해 감수해야만 하는 고통은 때때로 같은 여성 안에서도 그토록 분명하게 현명함과 어리석음의 두 가지 양날을 그어버리는 것이다.

무자비한가?

만약 맹목적인 노력만으로 발을 질질 끌어가는 그 길에 끝에서 자신을 바라본다면 좋은 결과를 위하여 할 수 있는 것은 단지 대다수의 어리석은 이들이 그러하는 것처럼 행운에 자신의 모든 것을 걸어보는 도박뿐인 것이다.

힘들었던 노력에 관하여, 그의 삶이 제대로 된 가치가 아니라 도박으로 피고 지는 비참한 삶을 거부하고 싶다면, 맹목적인 노력들에 간단한 회의를 품어보라.

때때로 단지 사는 것보다 "어떻게?"란 물음이 가장 중요한 자산이 될 수 있는 법이다.

**만약 신이 있다면, 신만이 아는 줄거리를 앞질러가지 마라.
공상, 그 상상에 네 어린 날이 다시 피어날 수 있다**

멍해진 정신을 깨워내기 위해 꺼내드는 쾌락은 좋은 휴식이 될 수 있다.
그러나 현재보다 앞서 그 속에 열의를 채워 넣지 마라.
사람의 정신은 독한 아기와도 같아서 의지라는 마음의 부모가 사라질 때, 울음만을 아는 악한 쾌락이 몸속 가득 차게 되는 것이다.

## 논리를 가장한 개싸움에 발도 담그지 마라

날티 나는 외모의 사람들에겐 자신을 섞어내지 않을수록 세련됨을 아는 개성의 증표가 된다.
그러니 말하면 물고 늘어지기만 하는 이상한 놀이들에겐 미소를 열지 마라.
인기와 유명함을 가벼이 즐기지 못하고 그것과 오히려 한 몸이 되어 끈덕지게 살아가는 일상의 삼류 연예인들은 주목받는 시기가 지난 후의 아침, 다시 영원한 밤만 이어지는 화류 속으로 곧장 되돌려지게 될 것이기 때문이다.
언제나 그런 부류의 사람들은 세상이 알아서 처리해주게 되어 있는 것이다.

**노력만이 최고를 갖게 하지 않는다. 그러나 최고를 이룬 전부와 함께한 건 오직 노력뿐이다**


갑자기 이름을 부르면 되돌아볼 수밖에 없는 큰 목소리의 각인이 그렇듯, 자신이 속한 세계 속에서의 단어들을 결코 젊음은 거부할 수 없다.
그러나 그 거부를 이끌 단호한 시작의 무대가 또한 젊음인 것이다.
자신이 내뱉는 단어들이 누구의 것인지 한번 되돌아보라.
옳기 위해서 선택된 단어들이 아니라, 만약 그냥 어디로부터 옮겨져 멈추지 못할 유행가에 지나지 않는 것이라면.

최고 수준의 노력에 있어서 자신은 잠깐 솟아났다 꺼져버릴 노랫말처럼, 순간의 흥얼거림만이 그의 모든 것이 되어버릴 것이기 때문이다.

세상에 무엇이 더 존재하는지 들을 수 없는 귀를 그 젊음이 결정시켜버리는 것이다.

언제나 제대로 된 노력을 들라.

바로 그것이 삶의 재미에 있어서 평생 지치지 않게 할 에너지를 부르니.

**맘만 먹는다면 끝 세상을 먹어 치울 것이다. 그러나
마음이 없기에 세상이 언제나 널 먹어 치워버린다**

한 분야에 정통하면 슬그머니 살아 숨 쉬는 것이 사람의 직관이란 기적이다.

그러나 용기를 잃어버린 많은 사람들은, 모든 인간에게 있어 가장 정통한 것이 곧 자기 자신이란 것을 잊어버리게 된다.

무엇이 될 수 있을지 가능함을 알아보는데, 가장 위대한 기질은 결국 자기 자신 속에 살아 숨 쉬는 결정이란 것을.

## "할 수 있는가?" 그것을 묻는 것이 아니다. "하고 싶은가?" 그 오기를 묻는 것이다

삶을 터뜨리는 건 기억에 대한 속도도, 성장의 위치에서 내려다보는 자기만족의 체면도 아닌 것이다.

스스로 읽어내는 삶의 바람 앞에서 온 힘을 다해 인생을 이끌 내면의 근원을 찾아내는 것.

바로 그것에 사람의 기력이 달려 있다.

그러니 무엇이 되고 싶은지 우선 그 앞에 신성한 의문을 지켜라.

"할 수 있는가?"

이것은 언제나 자신이 지켜야 할 첫 번째 물음이 아닌 것이다.

**제때 타오른 화는 천 마디 말보다 화려한 이해를
모두에게 던져버린다**


관계라는 사람의 고리는, 논리가 아닌 감정으로부터 더 많은 해결의 수가 풀어지는 법이다.
그러니 사람을 움직이는 기술을 알고 싶다면, 사람이라는 거대한 마음을 먼저 들여다보라.
그는 이미 세상 모두에게 묻힌 것이니.

## 큰 소리는 등 뒤로 선다



미신과 죽은 영혼에 바치는 묵례는 인류 모두에게서 발견되는 생존의 법칙이다.
자기 자신에게 되받아칠 감정의 기술인 것이다.
언제나 서서히 살아나는 공포는 어두워진 밤일수록 선명하게 일어나는 법인데.
그런 두려움만으로 다져진 밤을 끌어내고 싶지 않다면, 이른 낮부터 준비해야 할 것이다.
그래서 아무것도 증명되지 않는 발밑의 공포물에 몸을 수그리는 고지식한 어른들은 막무가내로 굳어진 고리타분함이 아니라, 세상에 관한 인간으로서의 생존에 분명함을 던지고 있는 것이다.

**생의 정신을 완성하기도 전에 다수에게 지도만을
제공하려 함은 스스로 죽음에 의지하는 길을 가는
것이다**


무엇이 더 있을지 모를 젊음 앞에서 너무 확신하여 떠들지 마라.
젊음이 가진 상상 앞에서 현실보다 더 크게 그릴 여백은 누구에게도 존재하지 않는 미의 기준이기 때문이다.
네 몽상이 그릴 붓 칠보다 더 깊게 파인 스케치는 언제나 현실이란 이름으로 시간 어디서나 떠다니게 된다.
그러니 그런 미래 앞에선 좀 더 조용히 하라.
그렇지 않는다면 완성의 점을 찍기 전에 실패의 습작들이 연속해서 이어질 수 있다.

## 군중에겐 전설만이 전해질 뿐, 그 전설의 시작들이 알려지지 않는다

화려함이 담당하는 시작들은 대부분 그 서술들이 과거 아래 놓여 있게 된다.
감탄과 광고 사이에서 서식하는 그 사실들은 목적에 맞게 새로 쓰이게 되는 것이다.
그러니 목표에 따라 움직이는 사회의 군중 속에서 소속감을 너무 앞세우지 마라.
작은 재미들을 위해 소문들을 따라 읽는 것은 유쾌함의 기술이 되지만, 시대에 묶여 자신의 계획보다 더 큰 소란을 내면에 풀어놓는 것은 현대의 노예로 전락할 어설픈 계략들에 이용당하는 것이 되기 때문이다.

## 열지 마라. 모든 실수는 입에서부터 터져 나온다

비유들이 깔려 있는 표현 앞에서 사실은 악이 되고, 진실은 선이 된다.
사람들이 정의하는 방식마다 그 해석들의 끝이 모두 달라지도록 하는 것이다.
그러니 할 말이 있으면 제대로 치라.
공격하는 악은 살아 있되, 자신에겐 선으로 되돌아올 그것.
그것은 인간의 모든 답답함을 헤치지 않고, 자신을 살려나갈 말의 무기가 된다.

## 다물어진 입으로 실수는 물러나지 않는다

자신을 뒤흔들 약점들이 이미 상대의 손에 들어갔다면, 그의 입을 막을 특별한 개성들을 따로 준비해두라.
사람은 모두 물가에 잠시 앉은 새와 같아서, 어느새 다른 곳에 날아가 목을 축일지 아무도 모르는 일이기 때문이다.
그러나 그 새들을 유혹하는 방식들은 종마다 다른 것이니 독수리 앞에서 작은 벌레를 움켜쥐거나, 참새 앞에 큰 고기 조각을 썰어주어 관심을 끌려 하지 마라.
지저귀는 새의 입은 그 소리부터가 모두 다른 법이니.

## 모든 것을 버릴 수 있는 것 그것은 꿈이다

외로움에 짓눌린 마음들은 항상 무리를 지어 떼로 다닌다. 자신의 기준이 내면으로부터가 아니라 다른 집단의 역사로부터 창조되는 그런 미움들과는 너무 가까이 사이를 벌리지 마라.

아무 생각 없이 벌어진 그 틈에서 자칫 똑같은 외로움이 생겨날 경우, 스스로의 마음에 의지하던 그 꿈의 방식이 단지 휩쓸려버린 사소한 감각의 차이로 모든 하루를 무너지게 할 수 있기 때문이다.

## 분노하라, 그러나 흥분하지는 마라

풍류가 있는 비판은 더 큰 해악을 막게 된다.
자기 자신부터 끓어오르는 흥분에 더 무서운 일격을 날리는 것이다.
만약 분노 속에 흥분이 들어가 분노가 나오는 구멍으로 최적의 힘을 조절할 수 없게 된다면,
분노가 나오는 모든 형식의 발음이 중심에서 크게 새어버리기만 할 것이다.

## 겪어봐야만 알아지는 것 그것이 현실이다

사소함에도 심각함을 부르는 얼굴들은 대부분 그 성질들
이 짜증이라는 악독함과 습관의 선이 맞물려 있다.
그러니 그 선들을 굳이 끌어내 길에 그어놓지 마라.
어느 한 점이 달라붙어 그 선의 연장선에 자신까지 놓이게
될지, 인간의 현실 속에선 아무도 모르는 일이기 때문이다.

## 인간은 상대의 당당함에 취해버린다

초대가 없는 문에 머리를 들이밀지 마라.
주제를 잃고 풀어헤친 광기는 비참한 관계만을 써내려간다.
무시하는 힘은 생각보다 큰 것이어서, 되돌아 올 모든 일상까지 쫓아와 한을 꽂아버릴 수 있기 때문이다.

## 실패라는 성공이 진정한 나를 만들어 낸다



어둠에 흐른 기억이 한 번도 없는 남자는, 어둠 앞에서 도망쳐야 할 때와 목숨 걸고 싸워야 할 때를 분간할 수 없게 만든다.
그러니 그런 남자를 마음속에 두지 마라.
짙은 전염이 되어 돌아오는 혼란스러움은 아주 작은 마음의 부분에서 그 결단을 잃어, 결국 내면의 구석구석까지 힘을 뻗쳐 자기 자신까지 잃어버리게 만들 것이다.

## 애초부터 그것에 확신이 있다면 넌 마음이 없는 것이다

시작 앞에서 미치지 않는 자신에 대하여 깊은 한탄을 품지 마라.
사실 미칠 수 있는 정의는 열의의 정도에서 나오는 것이 아니라, 남이 보기에 잘하는 부러움에서 표현이 돌고 돌게 되는 것이다.
사소한 소문에 놀아나지 않는 것.
언제나 창조는 그렇게 작은 것에서부터 위대한 시작 앞에 선다.

## 가장 위대한 방황, 그것은 기다림이다

여러 가지 방황의 종류를 골라 먹으라.
그러나 식탐에 이끌려 여기저기 비벼댐만 아는 혀의 미각
엔 밥을 담지 마라.
그런 맛은 사람에게 양식이 되지 않는 법이다.
두려움이 있고, 나태가 있고, 생각할 수 없는 힘이 있는 곳
에 언제나 시작이라는 거대한 물건도 달라붙어 있다.
방황이란 구멍을 통해 드러날 그.
용기가 있고, 새로움이 있고, 다시 태어날 수 있는 창조가
있는 곳으로의 여행.
단, 항상 겸손이라는 유능함이 긴 기다림의 시절에 있어서
버틸 수 있는 편리함이 된다는 것을 알아야만 할 것이다.
언제나 여러 가지 형태로 드러나는 방황의 종목에서 다른
방식의 길들은 좀 더 큰 힘이 들어가기 때문이다.

## (2) 순수

더운 피가 암흑이 되어
나를 꽃피울 때,
차가운 피로
일으킨 암흑을 다시 저버릴 때.
암흑은
꺼지지 않을 입김으로 타오른다.
온 우주를 데울 순수함으로 다시 불타오른다.

## 순수함의 인내로 얻어지는 정신의 특권, 그것이 낭만이다

두 갈래의 중요한 기로에서, 숨을 내쉬려 안간힘을 쓰는 정신의 과정.
순수함이란 인간의 성장기다.
그러나 거친 억압들로 너무 많은 죄악을 미리 규정짓지 마라.
자신의 머리가 아닌 남의 머리로 이해한 원칙들은 가보지도 않을 길에 신비로운 죄책감들을 앞서 심어버리며, 삶의 진정한 낭만들을 치열하게 파괴시킬 수 있다.
낭만은 인간의 이름으로, 다시 인간답게 선택 할 수 있는 힘에서 그 근원이 피어오르는 것이기 때문이다.

## 인간으로서의 아픔은 인류라는 자유의 한 부분인 것이다

자신의 일보다 다른 것들의 슬픔에 먼저 눈물이 차오르는 사랑은 울음에 쌓인 눈빛들이 그렇듯, 언제나 맹한 손실을 스스로에게 번지게 한다.
소리쳐야만 살 수 있는 그런 시끄러운 이들은, 분명 사회의 한켠에 자리를 단단히 해야 하는 법이지만.
현명한 선생이 있다면 그런 소리는 입이 아니라, 오직 겪어보게 하는 행동 속에서 수제자를 크게 깨워놓을 것이다.
행동 속에 모든 것을 의지한 채, 그렇게 살아있는 사람의 모습만을 그려주는 것.
바로 그곳에 인류라는 자유의 완성이 있기 때문이다.

## 연주의 가장 큰 감동은 제일 먼저 연주자에게 들린다

자세를 잡고 앉은 아이의 허리가 그렇듯, 어른이 지나서 돌아본 다음에야 시간이 제대로 길러준 자신의 습관에 감사하게 될 것이다.
그러나 굳은살을 얻기 전까진, 고통에 대해 무어라. 자신의 여린 살을 끊임없이 대줄 수밖엔 없다.
단, 잠시의 시간이 마감을 친 아침.
악기에 맞는 각기의 굳은살은 오직 그 악기 위에서 상대하는 손끝에 달려 있듯.
인내를 통과해 삶의 분야에서 얻어지는 감동들은 노력 뒤에 마주한 자기 자신의 굳은 눈물들로 그 누구보다 가장 먼저 감동이 들리게 될 것이다.

## 아가리 속 단 한마디가 모든 아름다움을 멸망시킨다

질투는 행위를 하는 정신의 먹이가 된다.
그러나 오직 그것으로 삶의 생존을 해결하지 마라.
다른 것으로, 원치 않는 배부름이 불러오는 지나친 식욕들이 갑자기 솟아나 몸을 느려지게 할 모든 우울함을 불러들일 수 있다.

## 가난이 키운 쾌락에 중독되지 않는 열정만이 내가 되는 나를 키운다

고통과 쓰라림만을 아는 현실로부터, 오직 싸움의 대상으로 세상과 맞서지 마라.
만약 거대한 운이 특별한 속삭임으로 자신의 머릿속에 지나치지 않는다면, 세계는 영원히 힘에 부치는 실체로만 존재할 것이기 때문이다.
또 하나의 열정을 완성해가는 운명에 어리석은 가난을 짊어지지 않게 하는 것.
그것은 언제나 그 무엇으로부터의 가난이 아닌 내 마음속의 가난함으로부터 가난의 진정함이 이어져 가는 것이다.

## 드러냄을 갖지 마라.
## 드러남을 얻을 것이다

자랑에 순수한 인연일수록 자랑은 자랑만으로 끝나지 않는 것이다.
그 입을 연 사람의 마음과 현실에, 그 입에 연결된 사람의 기분과 내일에, 다시 다른 입들이 모아져 자랑을 단지 자랑만으로 끝낼 수 없게 만든다.
그러니 자신이 존재하지도 않는 곳에 자신이 떠다니도록 놔두지 마라.
풍성함이 깃든 우월한 자랑은 자신의 입이 아닌 자신의 침묵으로부터 끝없이 새어 나오도록 되어 있다.

## 약간의 의심이 가장 완벽한 확신을 만들어 낸다

얼굴 속 숨겨진 진실이 현실과 엉켜 붙지 않는 사람과는 진실을 대하지 마라.
인간으로부터 태어난 이들에게 정확한 것은 사람에게 있어 분명한 마음이, 언제나 진실이라는 한 가지 해석으로 지어질 수 없다는 점이다.
그러나 그 모든 사실을 뒤바꾸는 어리석은 확신과 같이, 오히려 확신을 그 확신 외엔 아무 생각도 나지 않는다는 착각으로 확신하는 사람들은 스스로의 무지에 지나치게 빠져버려 그 어떤 어리석음이 흐르더라도 아주 약간의 의심도 던져내지 못할 확신으로 평생을 살아가게 되는 것이다.

## 그만큼이라는 소리에 우리는 좌절로 그 소리를 닫치게 한다

성공이 지난 후 아침.

그 밤을 제대로 기억하는 만큼 사람은 그 어떤 어둠에게라도 함부로 할 수 없는 선악을 얻게 된다.

깊이를 파내려 가면 갈수록 모든 의지는 운이 다하는 범위를 벗어나지 않는다는 것을.

그러니 남에게 가벼운 소리를 던지지 마라.

만약 아무것도 모르는 만큼, 다른 사람을 무겁게 하는 일이 계속되는 자신이라면 밤을 기억하지 못한 무지에 태어나는 사람이라는 것을 끝없이 알리기만 하는 어리석음이 될 뿐이다.

### 언제나 인간을 이해하라. 인간에 의해 만들어진 것으로부터

칭찬과 비판은 같은 무게감을 지닌
정신의 덫이다.
그 둘의 사이에서 서식하는 이성의 존재는 항상 자신 스스로 소유해야만 하는 것.
그러나 그 둘의 놀음에서 자꾸만 놀아난다면 먼저 인간에 의해 만들어진 것으로부터 인간을 구경해보라.
이미 인간의 심장을 뒤흔드는 모든 꽃이 문학 속에 피고 진다.

## 그것이 네가 되지 않도록 기도하라. 실수 그것은 어린 너를 기른다

단지 자신의 욕구를 위해서. 만약 그 욕심이 자신을 벗어나 더 많은 이들을 위한 것이라면 자신의 행복과 세계의 일에 더한 기쁨을 주겠지만.

그전에, 자신의 말이 아닌 다른 사람들의 말로 일찍이 일어나 모두에게 선함만을 행하려 한다면 그것은 대단한 무지를 증명하는 일이 될 수밖에 없다.

만약 그 선이 자기 자신에 의해 창조된 것이 아니라 무엇에 떠밀려버린 것이라면, 그 이후 후회가 일상인 선으로 다시 태어나 끊임없이 자신을 괴롭힐 것이기 때문이다.

그렇게 떠밀려버린 선은 항상 과욕을 부린 전사와 같이 보이지 않는 부상을 키워가기 마련이다.

## 싸움의 결과는 멀리 떨어진 곳에서 이미 만들어진다

일류 설교가의 눈빛이 그렇듯, 확신은 언제나 내용보다 더 큰 것을 그리게 된다.
만약 도저히 거부할 수 없는 선택이 온 마음에 들어찬다면 당연히 그 승부에 모든 것을 걸어보라.
자신을 이끄는 내면의 어떤 존재가 확신을 결정하지 못한다면 미래가 오기도 전에 내면에서 미리 마음의 집단이 무너져 내릴 수 있기 때문이다.
그 산란된 마음의 운명에 분명함을 내려 긋는 선. 그것이 확신이란 불후의 가설인 것이다.

## 어리석은 이들은 존중이 싸움의 하나라는 것을 모른다

운명은 언제나 과거가 된 나의 역사에 소리칠 어떤 표현인 것이다.
그러니 그런 운명의 장난들에 놀아나지 마라.
정의와 표현의 단순한 구분을 짓지 못하는 바보와 같이.
존중이 아닌 광란의 미덕에 빠져 정신을 차리지 못하고 있다면 존중이라는 제일의 싸움 방식에 당한 사람일 뿐.
이미 죽어 있는 현실조차 모르는 패배자란 사실을 유독 자신만 모르고 있는 어리석음이 된다.

**가장 의심을 받지 않는 믿음의 탄생은 언제나 자신도
모르는 사이에 스스로 일어나게 된다**


폭력에 당해본 기억의 그늘에선
어둠의 근육이 먼저 방어를 친다.
미리 고통을 나누기 위해
주먹을 움켜쥐는 것이다.
멋이 깃든 펀치를 올려드는 것이 아니라, 무서움에 깃들 흉악한 폼은 스스로의 기준이 잡히기 전, 사고라는 위험 속에 예측할 수 없게 던져지는 것인데.
그런 무너지는 사람 앞에서의 공격이 되지 마라.
잠깐의 시간에 벗어던진 폭력의 위엄은 스스로 일어나 자신도 모르는 사이에 자신에게 던져지는 믿음의 기로 흐를 수 있다.

## 밤하늘의 별을 보고 싶다면 마음속의 별을 떠올릴 수 있어야 할 것이다

외로움에 있어서
가장 큰 기준은 대세를 따르는 것이다.
그러니 고독 앞에 함부로 자만을 던지지 마라.
쓸데없는 오기로 사람에 대한 그리움만 키워 놓는다면, 사람이 별을 그려도 다른 곳의 별을 부르는 어두움에, 이미 떠오른 밤하늘의 별을 보지 못하는 남겨진 자로 정해지게 되어 버릴 것이다.

## 만약을 위한 기대에는 언제나 고통이 지져 진다

성공한 이들의 어둠까지 매력을 잇지 마라.
만약이란 기대에 앞서 그보다 아픈 현실이 자신에게 떨어진다면, 그 일은 그 외에 아무것도 생각나게 할 수 없는 깊이 어린 저주를 안길 수 있다.
언제나 유망함에 있어서 제일의 문제가 되는 것은 현실의 사람이어야 하는 것이다.

## 오직 인간만이 희망이란 것으로 사람을 사고판다

네가 얻은 감동은 언제나 다른 이의 품속에서도 새겨지는 것.
사람에 따라 크고 작은 여류만이 있을 뿐.
감동이란 사실의 종류 그 자체는 크게 달라지지 않는 것이다.
만약 제 자신의 창의에 관하여 세상에 던질 감동이 있다면, 가장 먼저 제 자신에게 되돌아가라.
 '너는 감동을 먹고 있는가?'
스스로 일으킨 그 풍류의 뒤로.
물질은 자신이 얻은 확신의 뒤를 조용히 따르는 법이다.

## 습관이 물들수록 인내는 쉬워진다

방탕에 물들이는 게으름은 방황과는 다른 악의 선물이다.
될 수 있다면 자신을 지킬 기준의 선에서 떨어지지 않는 분명한 선을 기르라.
앞에 인내라는 답답함이 막히더라도.
곧 어느새 습관이란 방식이 달라붙으면, 감정까지 의지하는 편안함의 선을 물들일 수 있을 것이다.

**자신의 시대를 오직 자신의 눈으로 지배하려는
자들에게 진실의 발견들은 열린다**


네 마음에 있어
가장 가까이 물려진 세계.
그것이 바로 자기 자신이기 때문이다.
세상을 이해하고 싶다면
먼저 자기 자신부터 이해해보라.
이미 그곳에 모든 세상이 잠겨 있는 것이다.

## 어려움 없는 부탁에 쉬운 거절이 고개를 든다

폭력만큼 흉한 것이
정신 차리지 못한 웃음이다.
그런 미소를 들어 도움을 구하지 마라.
실없는 사람을 쫓아가는 어려움은, 매번 아무 생각 없는 가벼움에서 태어나 돕고 싶어도 이미 마음이 거부하는 손쉬운 거절을 길러버린다.

## 마음은 결국 논리를 위하여 죽지 않는다

아주 오랜 기다림 속에
아주 가끔 피는 기대 이상의 수익을 아무도 즐길 수 없다.
그것을 즐기는 방식은 단 한 가지. 현실이 아닌 세상의 기록이 돼서야 세상의 유연함을 가져다 붙일 수 있는 것이다.
그리고 그런 융통성은 결국 성공이라는 쟁취 뒤에만 서는 낱말이 된다.
그러니 그런 논리를 서두름에 갖다 붙이지 마라.
아무리 불러 봐도 그것을 믿지 않는 한 죽어지는 마음은 세상에 존재하지 않으니.

**각자에게 주어진 신의 한 부분씩 그것들을 완성해 갈 때, 인류는 태초에 신이 만들려 한 하나의 인간으로서 완성되어질 것이다**

자신은 세상의 한 부분이다.

그리고 그것을 살리는 일은 곧 세상의 한 부분을 살려내는 일인 것이다.

그러나 이 일보다 먼저 남을 가르치는 해악으로 자신의 배움을 망치지 마라.

완성을 짓지 않은 자신에 관하여, 대화가 아닌 가르침만으로 나갈 배움은 세상의 한 부분을 담당하는 자신의 의무에 대하여, 큰 죄악을 저지르게 할 우둔함으로 다시 태어나게 하는 것이기 때문이다.

언제나 사람의 신은 자신이라는 내면에 각자의 위대한 믿음을 심어놓지만, 대개에 있어 결국 자신과 태초의 신을 분리하는 다른 많은 이들의 말로 신성한 종교를 잃어버리게 된다.

## 청춘으로부터 나온 한숨은 시대를 몰아친다

짜증과 가장 가까운 곳에서
얼굴의 주름을 피워대는 표정과는
어떤 말도 이해도 섞지 마라.
주름이란, 시간의 이해 속에서 그어져야 하는 신비로움이기 때문이다.
만약 자연의 태생에 앞서, 앞선 잔주름을 가지고 자신 옆으로 그 짜증들이 다가온다면 조용히 이른 도망을 치는 것 외에는 아무 방법이 없다.
그땐 제발 그들의 삶이 어떻든 기발한 이유를 대서라도 빠르게 빠져나와라.
짜증이라는 힘의 무서움은 자신의 나약함에서 나온 벌을 세상의 지혜처럼 확신한다는 것에 있기 때문에 아차 하는 순간, 정신의 병에 함께 감염되어버릴 수 있다는 것이다.

## 생긴 대로 비춰지는 거울에게서, 그걸 보지 못하는 어린이들을 아이라 이름 짓는다

이미 어른이 되어버린 모든 아이들에게 순수함이라는 낯선 분위기는 신뢰를 향한 어법에 불편함을 가져다준다.
어른답지 못한 작은 배포의 형식에 이미 철이 지난 과일처럼 싱거움을 가져오는 것이다.
그렇게 깊이가 없는 맛을 열매로 맺지 마라.
악의와 비판, 질투 그 자연스러운 인간의 감정들을 한번쯤 익혀보는 것.
그리고 그 자연스러움을 거부하며 이용할 줄 아는 것.
순수함이라는 선은 아이라는 인간의 아주 어린 시절에서 잠깐 빛을 보는 맛일 뿐이다.
제대로 된 맛을 알기 위하여 가능한 많은 해와 밤을 거쳐 가보라.
그런 자연의 담금질에 열매는 좋은 맛을 피운다.

## 오늘은 무엇을 남겼나. 그것이 내일을 부른다

주먹을 단련시킬 최고의 방식은
사람을 바로 치는 것이다.
타깃 바로 앞으로 온몸을 싣는 무게의 감각을 알아내는 것.
그리고 바로 그것에는 천 번의 일격이 숨어 있지 않다.
그 길을 먼저 간 스승의 요령이 필요한 것이다.
바로 단 한 번 싸워 이겨야 한다면 열 번 쳐도 죽지 않는 사람의 기술을 배우지 말고, 단 한 번에 사람을 죽일 최고의 요령을 외워내라.
무작정 참아내는 살기보다 더 큰 기는 세상의 중심에 위치한 사람들에게서 쏟아지는 법이다.

## 거짓은 겁이 날 때 풀어지는 것

분노를 잃어버린 의지의 무서움은 세상 모든 일로 선함만을 품는 중독에 있다.
'거짓말하지 마라.'
가장 큰 거짓말은 가장 중요한 순간에 거품을 문 욕으로 되돌아오기 때문이다.

## 기억된 상처 위로 시간은 나를 보지 않는다

복수는 그로 얻어질 마음의 평안보다 더 많은 것이 들어올 문을 닫아버린다.
그러니 입을 벌리고 있는 멍한 기운에 치욕을 닫아버려라.
집중력을 잃어버린 사람의 눈빛이 자꾸 시계 바늘로부터 그 설렘을 얻듯.
반복해서 쳐다보는 독기의 마음에 자신의 인생 전체가 다른 주인공으로 허무하게 채워질 수 있다.

## 살기 위한 책, 그것이 책을 읽는 나의 목표다



그러나 만약.
자기 자신이 가장 먼저 알 수 있을 것이다.
살기 위한 마음속의 문장들로부터.
도저히 다른 극복으로 지나칠 수 없는 상대의 치욕이라면
서서히 한장 한장 복수의 완성을 준비시켜라.
다시는 일어날 수 없는 한 낱말을 위해.
실수하는 조짐에 입을 벌리고 있다가 단 한마디의 칼로 모든 날을 그어버릴 위대한 승부는 언제나 사소한 시작으로부터 모든 것을 담는 법이다.

## 겸손은 어디서나 통하는 성스러운 언어다

자신의 입에 뜨거운 고통을 담고 다니지 마라.
자신만의 연출에서 터지지 않고, 전문가의 기술에서 완성되는 것.
그것이 배우들의 영역이기 때문이다.
자기 자랑을 너무 찍는 예술가는 언제나 위대한 영화가의 반열에서 멀어지는 법.
일단 정확한 행위의 방식에 눈이 뜨이지 않는 연설가라면, 연기의 극에 있어서 어디서나 통하는 언어를 알라.
그런 시작에, 겸손한 출발의 막은 어디서나 환영받는다.

### 나의 눈을 따를 때 진실은 나의 믿음을 맞는다

운명 속에 들어차는 모호함은 머리로 전부 그리지 못할 삶의 신비감을 던져놓는다.
그리고 자신의 눈을 따르는 이들은 바로 그 신비감에 대한 매력에 중독되는 것.
어떤 이보다 특별해질 새로운 감성의 열의가 이것에 있는 것이다.
그래서 자신의 눈, 따를 수 있겠는가.
간단한 진실은 언제나 믿음의 과목으로부터 특별한 구속을 받게 되는 것.
언제나 앞서 나가라.
믿음이라는 깊은 자기 매력에 새로운 사람을 이끌 영감의 지대가 있다.

## 치욕스럽고 뜨거운 그것, 그것은 어느새 너에게로 피어나기 시작한다

칼로 일어난 자에게 칼로 죽음을 안길 수 있는 이유는.
그런 승부의 방식을 상상하지 못할, 미약한 심성의 사람에까지.
칼로 흥한 자가 직접 친절한 설명을 퍼뜨려주기 때문이다.
그러니 그런 영감을 나누지 마라.
순간의 남자다운 제압이 단칼의 주검으로 되돌아올 수 있다.

**내가 나인지도 모른 채 영원히 살아가는 것, 그것의
발은 언제나 치우침으로 한쪽 발을 절뚝거린다**

현재와 고뇌라는 양날의 줄에서 의문의 두근거림에.
때론 맹목적인 노력으로, 때론 답이 없는 고뇌들로 삶을 끌
어올리는 것.
한 발이 앞지를 때
뒷발은 몸을 잡는 균형이 이뤄져야만
아름다운 한 자국은
인간의 자연스러움이라는 걸음걸이를 얻을 수 있게 되는
것이다.

## 잠으로 실수를 씻어내지 마라



한번 흐름에 올라탄 오랜 성공도, 잠시 스쳐진 즉흥의 유혹에 모든 것이 무너져버릴 수 있는 것.
인간에게 오물의 바람들을 끊임없이 경계해야 하는 이유가 여기에 있다.
그러니 죄책감을 위한 평온의 서곡만으로 잠을 불러들이지 마라
강한 감은 의지보다 앞선 마음만으로 충분하게 새겨지도록 되어 있으니.
언제나 잠은 피로를 위한 신의 선물로 들 때 내일이 다시 나의 것으로 품어져 오는 것이다.

## 사치에 눈뜬 말은 달리기를 잊어버린다

소유보다 앞선 배경의 그리움에 탈을 일으킨 정신의 과욕들은 더 큰 부를 그리며 현실의 안정감을 모두 깨뜨리기 마련이다.
돈은 한번 스치면 더 심하게 물어줘야 하는 어린아이의 이빨 같아서, 자칫 교정 없는 장난질에 이미 잘 자라난 성장 기조차 모든 것을 뒤틀어지게 할 수 있는 것.
그러니 큰 통증을 감수하며 고통에 몸을 뒤섞지 않고 싶다면 가능한 빠르게 최고의 자세를 잡아나가라.
언제나 돈의 가장 큰 쾌락은 모으는 데 있고, 쓰는 일은 다음번의 재미로 불려가는 것이다.

## 두려움이 일 때 거짓을 낸다

자신이 태어난 마을을 평생 벗어나지 못할 어귀의 조형물처럼 울타리에 갇혀버린 귀머거리가 되지 마라.
왜냐하면 죽음 그 자체보다 과정의 통증이 두려운 겁쟁이들은 항상 다른 이의 말을 마치 세상의 진리처럼 떠들어놓고는 자신의 이기심 속으로 숨어들어가기 때문이다.
결국 자신을 믿어달라는 소리로 바뀌어가는 진리를 모른 채, 점점 어린애로 돌변하는 무서운 방식들과 삶을 교류해 나가는 것은 사람의 말이 아니라 삶의 언어를 통해야 하는 깨달음이라는 울림으로부터 매번 멀어지게 하는 스스로의 선택이 되어버릴 것이다.

## 자연 속에서 읽혀진 비밀의 글들은 누구도 해내지 못할 진리의 글을 완성시킬 것이다

사람의 자연은 어디까지나 사람에겐 사람이 되는 것이다.
그리고 그때, 그 자연을 보고 사람을 여는 징조들을 자신의 눈으로 불러들여라.
만약, 그 우주의 힘을 부릴 수 있다면 네 주위는 곧 세계의 중심으로 흐를 것이기 때문이다.
위대한 문학가와 대배우의 길은 이미 그들의 청춘에서 대화와 얼굴로 빛나는 징조가 되듯.
오랜 옛날부터 새롭게 탄생될 사람의 운명은 온 우주가 달라붙어 이미 그를 꾸며주고 있기 마련이다.

## 사람의 멋은 인사의 자격이 된다

언제든 뒤바뀜을 아는 현대의 모든 매너들을 암기해야 할 이유는 그 어디에도 없다.
그러나 어디서나 통함을 아는 품격과는 항상 편안한 관계를 맺고 있으라.
첫인상이라는 힘은 생각보다 긴 소문을 타고 흐르는 여류기에, 단 한 번의 만남으로 자신이 소유한 것들보다 더 큰 환영을 여기저기 흘려보낼 수 있는 것이다.

## 보이지 않는 길은 언제나 기다림이 없는 곳으로부터 일으켜진다

시간으로 사람의 마음을 상대할 줄 아는 사람들은 결국 자신들이 원하는 결과를 자신과 다른 모두로부터 얻어내게 된다.

그러나 가슴에 일어난 불을 현실로 터는 삼류 정치 투사들은 매번 자신이 담당해야 하는 마음의 구역을 벗어던진 채, 다른 이의 마음들까지 따라가 모든 것을 망쳐버린다.

언제나 고통과 생각에 관한 모든 새로움은 지금이 아니라 시간으로 자신의 마음을 상대하는 데서 일으켜지는 것이기 때문이다.

그러니 보이지 않는 길이 있다면 그 혼돈에 앞서 먼저 기다림을 던져놓아 보아라.

매번 성공하진 못할지라도 어쩌다 낚아 올린 괜찮은 생각 앞에 용기와 희망으로 엮여진 모든 새로움이 다시 깃들어진다.

**세계를 지배한 이들이 세상을 지배하려 한 때부터
언제나 인내는 그들 자신이었다**


예의라는 형식으로 원칙을 부른 싸움은 오직 싸움에 앞서 승부를 흐르게 한다.
그러니 무작정 상대를 죽이기 위한 싸움엔 습관을 기르지 마라.
그런 싸움은 언제나 뒤꼬리를 말아 올린다.
둘의 승부를 넘어 모든 것을 파괴하도록 폭력을 부르는 그것은 어디까지 넘어가 죽음을 원할지 아무도 모르는 것이 되기 때문이다.
상대가 아무리 칼을 들어도 넌 원칙과 명예를 들어 깨끗한 살인을 하라.
그래야 모든 것을 파괴하지 않는 싸움으로 상대를 끌어들일 수 있다.

## 쾌락을 이해하는 속도만큼 정신은 번져나간다

그녀에게 오직 자신만이 줄 수 있는 삶의 비밀. 그 남녀의
살이 붙는 쾌락의 끝에서 다른 몸을 넘보지 마라.
작은 재미를 위해 더 큰 재미를 포기하는 죄악은 어리석은
어둠들로부터 이끌려지는 이기심일 뿐이다.
조금만 참아내면 더 큰 재미에 삶이 물들 수 있다.
결코 두 가지 재미를 한꺼번에 택할 수 없는 약속의 지대에
서는 작은 금이라도 그어놓지 않는 것이 그 누구도 아닌 오
직 자기 자신을 위한 최고의 쾌락인 것이다.

## 진지함을 모르는 이들에 미소를 알리지 마라

대안이 없는 외로움들의 애증.
그것은 대개 결혼이라는 증명으로 결말을 낸다.
그러나 진지함이 없는 그 예식에 존중을 없애진 마라.
인류를 끌어온 그들의 사회는 가장 가치 있는 세상의 방식으로서, 새로운 생명이 태어나는 순간 세계의 모든 가치관이 다시 바뀔 운명적 제도이기도 하기 때문이다.
그것에 실패한 이들로 하여금 그들을 부정하는 일은 곧 세상을 부정하는 일로 사회와 함께 살아가는 인간의 삶에 있어 큰 파장으로 되돌아올 수 있다.

## 신뢰는 사랑을 기른다

삶의 한 조각들을 공유하는 추억의 지대에서, 사람의 신뢰란 한 공간 속에 있었다는 그 미약한 기억만으로 모든 것이 완성되는 것이다.
어떤 불의나 안타까운 사건으로만 이어지지 않는다면, 모든 옛사람은 추억이라는 그림자로 아주 정확하게 묶이게 된다.
그러니 막연한 신뢰를 위하여 다른 행위를 특별히 품어나 가지 마라.
시간이 감싸면 자연히 특별해질 우정의 경계에서, 아무런 소득도 없는 새로운 사건의 낭비들은 그리움의 진실과 괴리감을 만드는 사실일 뿐이기 때문이다.

## 상상에 머무를 자신의 분신 속에선 결국 끝내지 못할 고통만이 살아 숨 쉰다

외로움에 빚을 지지 않는 것.
그 망설임을 흐르지 않게 하라.
특이한 충격이나 타고난 환경으로부터 외로움을 달고 사는 신인류들은 매번 사람의 관계 속에서 어떤 공포를 서서히 불러들인다.
우울이라는 정신의 병은 천천히 자라나 어느덧 사람을 죽일 만한 덩치로 삶을 키워오는데.
'왜 인간 따위에 신경 쓰는가?'
바로 그럴 때 그 어떤 것을 빌려서라도 생존을 이어나가야 하는 이유가 바로 인간 따위의 심성에 잠재하게 되는 것이다.
그건 아주 작은 솜털의 기류와 같아서 다른 바람도 아닌 제 자신의 가벼움으로 어느덧 세상을 바라보는 진실의 한이 새로운 숨으로 갑자기 터지게 될지 전혀 알 수 없는 일이 되기 때문이다.

## 신은 순간으로 말하지 않는다

침묵을 먼저 지키라는 것은
언제나 침묵해야 한다는 것이 아니라
다른 통로를 열기 위하여 침묵을 이용하라는 것이다.
왜냐하면 자제와 처세와 올바른 문장의 문은 똑같은 바람을 타고 자신의 흐름으로 매번 안을 수 있는 것이 전혀 아니기 때문이다.
순간만 지켜라.
그럴 때 인간은 잠시 신의 모습을 빌려 올 수 있는 기회가 온다.

## 거만함에 진실은 숨을 거두고, 당당함에 바람은 숨을 죽인다

지나친 걱정은 산이 되어 돌아온다.
그 자체가 사람의 벽이 되는 것이다.
그러나 그런 벽을 만들지 않는 노력의 기술들에겐 거만과 겸손의 사이에서 줄을 타는 사람의 당연함이 있다.
그런 자신감을 자신 속에 가둘 수 있는 사람이 되어라.
설명할 수도 없는 두려움에 막연히 공포를 두드리지 않게 하는 것.
그것은 언제나 자신을 떠나 세상 모두를 이롭게 하는 시작의 문이 된다.

## 다시 태어난 정신은 한 인간의 새로운 생명이 된다

죄를 이해하는 단 하나의 방식은 그것이 머리가 아닌 나의 몸으로 직접 겪어지는 데 있다.
사람의 마음과 범죄의 형상은 순수한 미로 같아서 출발한 자의 시작과 결과를 아는 결말이 하나로 이어짐을 맞더라도, 미로를 떠난 전체의 눈에서 시선을 내려다볼 수 없는 한 길의 진의를 그 미로 속에선 도저히 알 수 없게 만드는 것이다.

단 하나의 악랄한 늪이 선에 대한 더 큰 욕망을 키우는 선택적 악기로 미끄러지게 할 수도 있고, 더 밑바닥으로 꺼져가는 나약함에 자신이 아닌 외면에 독기를 품는 평범한 악마로 전락하게 할 수도 있다.

그리고 단 하나의 분명한 사실은 죄라는 인간의 통로에서 다시 태어나는 인간들에겐 다시 예전의 삶으로 돌아갈 수 없는 운명적 기회가 닥친다는 것이다.

어떤 분신을 잉태할지 그 근원의 깊이가 되는 인간의 위대한 사건에서 그렇게 언제나 우주의 입은 악마의 운을 벌려간다.

## 습관은 운명을 창조한다

습관엔 모두를 무르게 할 탁월함이 있다.
갓 부부의 연을 맺은 남녀 사이의 정신적 완력이 그렇듯,
사람은 처음 강하게 선사하는 충격에 이끌려지는 것이다.
끌리는 사람이 되는 것.
그 뒤엔 언제나 새로운 운명이 기다리고 있고, 그 누구도
따르지 못할 만족이 있지만.
사람의 삶은 사실, 처음의 끌려지는 그 시작에서 대개의 운
이 끝나버리게 된다.

"자네, 한 세상의 리더를 꿈꾸는가?"
"……"
"내면의 독설이 유지되는 자리를 꿈꿉니다."


정신의 예술가로서 세상을 마감하게 되는 사람들의 자리는 언제나 세상보다 더 큰 세계가 아무도 모르는 곳에 잠겨 있어야 한다.
아무것도 보이려 하지 마라.
악도, 선의도, 그 어떤 바람도.
작은 단비처럼 젖지 않게.
작은 눈꽃처럼 눈에 익지 않을 정도로
가끔 피어나는 사람의 진실에
세상은 예술의 욕망을 따르게 된다.

## 시작은 상상이 아닌 행동하는 것에 있다

네가 계획을 품지 말고 계획이 너를 품게 하라.
몸짓의 시작에서 선을 그어놓는 것.
그것이 계획의 성질이기 때문이다.
그러나 그렇지 않고 사람의 계획에 지배당하면, 외워놓기
만 하고 발음을 모르는 외국어의 첫 단어처럼
세상에 내놓을 수 없는 암기만으로
자신의 가슴속에서만 살아남는 한이 될 것이다.

## 그것이 힘들지 않았더라면 넌 그 일을 제대로 하지 않은 것이다

시대는 언제나 사람의 먹이를 그냥 내놓지 않는다.
그러나 그 시대로부터 떨어지지 마라.
사람에게 있어 가장 많은 먹이가 떨어지는 나무는 자기 자신의 현실로부터 뿌리를 내리기 때문이다.

## 모든 언어는 단 하나의 표정에서 시작되었다


책은 깨달음이라는 사고의 절정들로부터 인류가 받는 현실의 기억들이다.

그들의 완성엔 언제나 다른 결말들로 세상이 지어지지만, 오히려 그 차이로부터 사람의 마음엔 풍부함이라는 인류의 전설들이 가득 채워지게 된다.

그러니 시대와 공간을 떠나 새로운 현실을 새기는 그 글자라는 마법에 자신을 이기는 전율을 키워나가라.

같은 현실에서 다른 현실을 끌어와 꿈이라는 새 시대를 창조하던 마법사들은 가장 가까운 곳들 속에서 아직까지 수제자를 찾아 떠다닌다.

## 열정은 고독을 침묵시킨다

원망은 하게 되는 것이 아니라 들어오게 되는 것.
단지 잡게 되는 욕망의 크기가 다를 뿐.
그 누구에게라도 그들의 마음은 종종 흐름을 탄다.
그러나 그들의 존재와 맞대어 싸우지 마라.
그런 마음을 상대하는 방식엔 뒤에서 쳐야만 하는 인간의
기술이 있다.
생각이라는 이름의 적은 생각으로 맞설 경우 그들의 힘을
무한으로 키워놓기만 하는 함정이 될 뿐이기 때문이다.

## 입은 의지를 닥치게 한다

갑자기 오르는 소음들은 사람의 기력에 훼방을 놓는다.
각기 짜증과 불만, 분노라는 이름들로 채워지는 작은 공격들의 역량이 사람의 깊은 정신까지 바로 침투할 수 있는 것이다.
그러니 그런 입은 이만 닥치게 하라.
주체하지 못해 풀어헤친 나약들은 그 어떤 의지에서도 결국 살아남지 못할 덫이 되어 가장 중요한 외로움에 쓸쓸함까지 꽂아버린다.

**분노의 근본이 무엇인지 이해하려 노력하는 일은 상대와 자신 모두를 같이 위하는 성스러운 기도와도 같다**


복수는 상상 속에 가장 큰 강렬함이 있다.

분노의 환영이 되어버린 사람들은 오직 머리 속 하나의 절정에 다른 모두는 사소함이 되어버리는 것이다.

그리고 바로 그곳에 복수의 악독함이 있는 것.

복수의 방식엔 무한한 가짓수가 있으나, 그 산수의 기초를 모두 지워버리는 것이다.

그러니 무한한 수학의 영역처럼 괜찮은 문제를 논리 없이 반복만 하지 마라.

열등생이 되어가는 힘든 노력처럼 잘하는 것에 목표가 있는데, 사라진 요령으로 좌절만을 얻는 후회가 삶에 들어차 버릴 수 있다.

## 모른다는 것이 풍부해지는 사람일수록 단순한 진실을 기른다

재미만을 쓸어내는 반복의 청소부로 삶의 모든 특권들을 쓸어 담는 것.
지독히도 머리 박는 아이의 방식에 가장 간단한 이야기의 힘이 숨어 있다.

## 인간들로 엮인 장애물은 오직 침묵 속으로 사그라진다

큰 인물의 약점은 언제나 군중이 머무르는 곳에 있다.
사실이 아니더라도 진실로 머무르는 곳.
엮인 사람의 수만큼이나 단 하나의 단어만으로 수만의 문장이 재창조되는 그곳이 군중이라는 영역이기 때문이다.
그래서 커진 권한만큼 얼굴에 유명세를 달고 다니는 인물들은 많은 말은 자신의 이름에 달아 올릴 수 없게 되는 것.
항상 밑바닥의 범죄자부터 고귀한 귀족들까지, 늘어나는 사람의 수를 한꺼번에 담당해야만 하는 것이 그들이 지닌 표현의 세계가 되는 것이다.

## 세상의 반이 어리석음이니 어리석음을 이겨내지 못한다는 것은 결국 세상에 굴복하게 되는 것이다

단련의 세계를 아는 사람들은 그 단련의 깊이만큼 사람의 눈이 높아져 언제라도 무시감을 선뜻 던질 수 있다.

그러나 그 완성되지 않은 단련에 결국 패배감을 느끼게 되는 것은 그 단련의 세계를 아는 사람들에게서 일어나는 일이다.

세상이란 곧 그 둘의 지대에서 사는 모든 사람들을 가리키는 말이 되기 때문이다.

그러니 세상에 지는 일. 세상의 한 부분들에 지고 달려와 끝내 울음을 터뜨리지 않도록 어리석음에 선뜻 결론을 던지지 마라.

세상이 되는 일은 언제나 반쪽짜리 세상에서 움직임이 일어나지 않는 법이어서 현명함이 어리석음의 방식대로 어리석어지는 것은 어리석음이 어리석음을 이미 아는 일보다 더 큰 어리석음이 되어버린다.

## 다른 이의 길을 보는 순간 네 남자다움은 죽어버릴 것이다

남자다움이란 모든 생명에 대한 새로운 기원이다.
새로운 생각, 새로운 용기, 결국 새로운 재미로 이어지는 그런 남자다움이 존재하는 긴장들을 찾아내라.
돌덩이가 되어버리는 몸들로 아무런 새로운 행위를 이끌어 낼 수 없는 남자들은 무기력을 기르며 모든 삶의 투지들은 숨과 누름 그 두 가지 투기의 바람들로 덧없는 들뜸에만 미쳐버리기 마련이다.

## 세상이 힘들어 찡그리는 것이 아니라 찡그려서 세상이 힘들어지는 것이다

상대가 알아볼 수 없는 사랑의 표현에 우리는 서글픔과 기쁨의 중간에서 애틋함이라는 감상의 발음을 뽑는다.
첫 아이를 바라보는 감상의 환희에, 지나친 사랑을 아름답게 돌려보는 환희의 감상에 반복적으로 눈을 뜰 수밖에 없는 그런 사람의 감정은 애틋한 감상을 원하지만.
선택할 수 있는 힘이 적어지는 사람만큼 사람들은 오히려 아름다움을 감상하기보다는 삶에 치여 가는 쪽으로 세상에 지배당하게 된다.
그러니 넌 기억하라.
사람의 행복은 생각해낼 수 없는 그곳에서 기쁨의 지능이 정해진다는 것을.
언제나 이기는 것이 아니라 감동하는 데서 나오는 삶의 모든 예술에 사람의 눈물은 아름다움 속에서 끝없이 쏟아져 내리게 되는 법이다.

## 나른함에 졸다 깬 순간 극한 현실은 끝 네가 되어 있을 것이다

강한 힘엔 강한 줄이 선다. 그리고 자신이 세운 모든 강인함을 무너뜨리는 일은 그 줄의 모든 것을 지배하려 하는 것이다.
그렇게 사람의 편에 서는 소속감에 들어가 결국 자신을 잃어버리는 길을 택한다면 내 얼굴에 주름이 감겨져 있는 걸 까른 알릴 때
진실의 편에서 진실을 가리는 것이 아니라 사람의 편에서, 내 명예를 지키는 편에서, 내 자리를 지키는 편에서, 나를 죽이는 자살로 스스로의 운명을 비열하게만 키워놓을 수 있다.
그래서 언제나 사람의편을 들으려 하지 말라는 것이다.
항상 원칙의 편을 세우려 하는 것.
자신부터 사람의 편에 들어가지 않는 것은 언제나 언어의 걸음걸이까지 모든 문제에 관하여 너무 깊은 지배를 향하지 않는 것에 있다.

### 보이지 않게 살아나는 것, 그곳엔 문명이 있다


더 큰 재미로 흐르는 강물에 빠져 죽지 않는 것.
차분히 인류의 제도에 올라 탈 수 있도록 꾸준함이라는 힘을 기르라.
간단한 결과로 무너짐을 모르게 되는 것이 성실이라는 흐름의 위대함이다.
고리타분이란 답답함을 점점 더 멀리할 수 있는 창조의 힘엔 언제나 사소함을 아는 단순함이 매달려 있다.
영감의 노를 잡는 이가 그만큼 드물기에 수면위로 얼굴을 내미는 특별한 자세가 적어지는 것이지만, 역사가 고안한 배움의 방식에 끊임없이 발을 저어내야 하는 것은 점점 더 가라앉지 않을 생존의 방식에 모든 기초를 더하는 것이기 때문이다.

만약 다음의 자세를 익힐 새로운 변화에 도약할 수 없는 자신이라면 떠내려간다는 외로움보다도 물살을 가르며 더 큰 세상으로 나갈 모든 기회를 스스로 파괴해버리는 것이 된다.

바다를 아는 이가 강물로 돌아와 생존을 잇지 않듯, 바다에 가보지도 않고서 굳이 가볼 필요가 없다는 사람들에겐 그 파도의 맛이 느껴지지 않는 법이다.

파도는 두렵지만 인간을 아는 인류와 같아서 그것을 타고 넘는 이들에게만 세계의 모든 재미를 선사할 성취의 중독을 준다.

## 일관성이라는 성벽으로부터 나오는 소리가 흔들림 없는 나라를 세운다


사람의 귀는 객기 어린 젊음과 같아서, 자신의 내면보다는 언제나 외부의 존재들에게 거친 주먹을 휘두른다.
게다가 시간을 거꾸로 먹는 비난의 귀는 그렇게 세월이 뒤로 흐를수록 약점의 선명함을 선사하는데.
그런 귀에는 걸리지 않도록 모든 말을 따라 춤출 나머지의 몸짓들은 하나의 노래로만 같이 엮이게 하라.
제대로 터뜨린 유행가에 온 밤의 활력이 모아지듯.
티끌이 없는 자신의 노래로부터 끝없는 연습으로 완성된 목소리의 힘만이 유행의 시기가 다할 순간까지 온 세상을 부릴 수 있게 하는 것이다.

**조급함은 자신이 마음으로만 알던 길을 수치로
모두에게 소리쳐내는 것이다**


구린 냄새가 나는지 자신의 코를 들이미는 사람들에겐 독한 향취가 정통으로 들어차는 법이다.
그런 머리 없는 사람의 오기를 기르지 마라.
모든 것이 자신의 해로 들어올 정신적 나약함에 조급이라는 통로로 자제력을 잃어버리게 되면 그것을 발하는 자신이라는 사람과 그것을 발견하는 타인이라는 사람 모두를 수치스럽게 할 홍보의 장이 되어버리는 것이다.

## 믿음이 네 광기를 위한 것인지, 네 의지를 위한 것인지 분명히 하라

젊음이 안고 있는 지혜는 언제나 지혜로움이 서리지 않는다.
지혜라고 표현할 수 있는 사람의 정신은 다른 사람의 것
일 뿐.
지혜로움과는 어디까지나 다른 것이 되기 때문이다.
그 안이한 지혜를 원하려 하는지, 네 지혜로움을 창조하려
하는지 분명히 하라.
언제나 다른 사람의 말로만 채워지는 지혜란 그것을 써야
하는 때가 왔을 때 또다시 다른 사람으로부터라는 의지가
필요하다.

지혜로움은 언제나 지혜를 외우는 것으로 자신의 소유 속에 들어차지 않는다.

나의 머리로 이해하는 것. 바로 그것에 지혜로움의 결과가 달려 있는 것이다.

특히 젊음 앞에서 분명히 할 수 있어야 한다.

더 큰 것의 욕망을 부르는 사람이라면, 언제나 이해란 물려받을 것이 아니라, 자신 스스로 깨쳐야 하는 것이 되기 때문이다.

## 강렬함의 재미를 지닌 시선은 일상 속 광고의 흐름에 높이 퍼지는 법이다

젊음이 꾸민 미는 그 기한이 너무 짧다.
그러나 세련됨이라는 시대의 맛을 자꾸 집어먹는 사람들에게는 활력의 영양이 젊음의 기한보다 더 오래 가지는 법이다.
세상을 즐길 가장 간단한 방식이 매일의 일상에서 펼쳐지게 하는 것이다.
그러니 유행과 너무 동떨어진 사람이 되지 마라.
유쾌한 하루의 길이를 더 길어지게 하는 것.
자신이라는 물건의 광고를 가장 효과적으로 할 수 있게 되는 것.
바로 그것이 세련됨을 입는 사람들의 가장 편리한 지혜가 된다.

**피가 끓어올라서 하는 맹세의 불길은 순간을 오르게 한 어설픈 꿈의 재료가 바닥나는 즉시 꺼져버릴 것이다**

찬란한 젊음의 피부에 달라붙은 촌스러움은 젊음이 지닌 또 하나의 고유한 성질이다.
그러나 그 성격대로 너무 성질을 부리려 하지 마라.
너무 뜨거워져버린 불같은 마음은 잘못 흘려버린 자신의 씨앗에 나머지 인생을 송두리째 뽑아버리는 수가 있다.
대개 새로운 생명의 잉태는 젊음이 더 큰 젊음으로 성숙해질 때 즈음에 피어나야 행복이 따라오는 것이다.

## 분노를 막기 위한 질서는 스스로 세워지지 않는다

의미 없는 말에 재미까지 없는 말을 밀어버리는 것은 사람에게 있어 안타깝지만 도저히 정을 붙일 수 없는 관계만을 터뜨려 놓는다.

만약 그것이 반복되는 일이라면, 실없는 사람으로 무시당했다가 그 무시감에 화를 받아와 점차 사람들의 틈에서 살 수 있는 기회 자체를 점점 잃어가게 되는 것이다.

무리에 가세하지 않으며 자신의 분위기를 유지하는 것이 사실 위대한 이들에게서 드러나는 삶의 특징이지만, 이런 방식의 관계가 아니라 사람들 사이에 자리 잡고 싶은데 자꾸 원하지 않는 밀림이 일어나는 종류의 사람이라면, 그 질서가 스스로 세워지도록 방치해서는 안 된다.

조절되지 않는 유쾌함이 만약 습관에 붙어버린다면 그건 평생 떼어버릴 수 없는 사악한 자산이 되는 것이기에 매번 유쾌함을 이끌 수 없는 약점이 있다면 철저히 그곳에서의 침묵이 지닌 진실에 눈을 뜰 수 있어야 하는 것이다.
왜냐하면 그런 관계의 무리에서는 말을 하는 사람들은 기억되지 않고 결국 그 집단의 어수선함만으로 각자의 캐릭터들이 한 구역을 담당하게 되는 것이기 때문이다.
결코 입을 벌리지 않아도 되는 유쾌함의 구역에서 자꾸 입을 벌려대는 것.
바로 그것에 떼어지지 않는 집요한 약점이 자신에게 붙어버리게 되는 것이다.

## 어둠을 겪지 않은 순수 뒤로, 밝음은 모르는 등불이 되어 빛날 뿐이다

무서움은 분노를 타고 들어가지 않는다.
그 분노가 사그라져 차분함이라는 평온을 되찾아올 때, 무서움이 무서움 속으로 곧장 달릴 수 있는 기회가 오는 것이다.
그러니 어둠이 있다면 그것에 어둠으로 맞서는 순수한 방식대로 결코 상대하지 마라.
같은 잔소리에 잔소리로 대꾸하는 것은 더 큰 지루함을 불러내야만 하는 사실과 같이 밝음을 부르는 힘은 바보 같은 순수함 속에서 나타나지 않는 것이다.

## 글자는 해소를 안다

결국 자기 자신으로 되돌아가는 소통의 무력이 되는 것이다. 분명히 짚고 넘어가는 기억을 만들어 가는 것.
물론 그 기억의 수집이 매번 닥쳐오는 현실의 승부에서 완벽이라는 완성을 짓게 하진 않지만, 일류 운동선수의 기준이 그렇듯 비교되는 다른 존재들보다 더 큰 부를 가져올 수 있는 기초 훈련이 되는 것이다.
그리고 그 훈련의 중요함에는 해소를 아는 정신의 체력에 있고, 그렇게 기록은 운동선수가 육체적 체력을 키우듯 정신적 에너지라는 꾸준함을 쓴다.

## 마음이 잠들어버릴 선택에 생은 그 변명까지 잃어버린다



목표라는 그늘의 힘은 뜨거운 불길 속에서도 서늘함을 가져다주는 내면의 바람이 된다.
지쳐 쓰려져야만 하는 상황 속에서도 결코 죽지 않는 각본의 주인공처럼, 자기 자신을 달랠 수 있는 스스로의 힘으로 정신의 새로운 주인이 되는 것이다.
그러니 아무도 소유할 수 없는 그 마음이라는 곳에 너만의 것을 심어놓아라.
항상 신비로움을 아는 소수의 종족들만이 인류를 지배하는 특별한 권한들을 가지고 산다.

(2)
수수

## 하늘 위의 하늘. 난 믿음을 믿는다

의문을 비난으로 받는 답답함은 지능이거나 양심적인 존재에 있어서 더럽혀진 사람들이 보이는 구체적인 규칙이 된다.
그러니 넌 그 규칙의 힘을 아는 새로운 역사가 되어라.
질문이라는 이름이 붙은 위대한 인류의 전통은 의문이 곧 답이라는 통찰의 기술이다.
만약, 다른 세계의 비밀들을 이미 알아채는 눈이 되고 싶다면 그 질문이 곧 자신이 될 수 있도록 깊은 의문들을 스스로 파내려 가면 될 것이다.
언제나 세상을 파고드는, 하늘이 내린 사람들에게. 그 오묘한 의문들의 세계는 오직 자신이 소유한 질문의 목록들에게 믿음을 준다.

## 인생에서 결국 서로의 문은 닿지 않고 열리게 된다

흥분이라는 감염은 서로의 시기 속에서 새로운 수치를 들고 일어선다.

그러나 그들의 방식은 사소한 감기와 같이 다른 방식의 껍데기를 두른 채 사람들 사이사이에서 매번 새로운 형태의 질병으로 돌고 도는 것이다.

그래서 시간이 약이 되는 그들의 치료는 가만히 두는 데에 요령이 있다.

만약 주체할 수 없는 고열로 그런 감염들이 자꾸 자신을 덮쳐온다면, 사소한 감기처럼 휴식에 몸을 맡겨버려라.

인생이라는 흐름에서 곧 시간이 그 감염을 상대한다면, 언제 그랬냐는 듯 편안함을 잇는 여유에 현실에서는 곧 물러남을 아는 느긋함을 얻게 될 것이다.

## 운명이 흐르지 않는 눈빛 속으로 사람들은 함께 뜨지 않는다

운명이란, 인간이 사람의 세계를 그리며 꾸밀 회화의 한 장치가 된다.

없으면 뭔가 부족함을 알게 하는 것.

사람의 사회는 항상 높이 오르는 날개 속으로 전문성이란 자연스러움의 영역을 강요할 수밖에 없는 것이어서 완성의 절밀을 위해 자연스레 인간의 심성을 건드는 것이 운명이라는 단어의 위치가 되는 것이다.

그러나 그것만을 따라간 오직 인내심에겐 다른 일은 쳐다보지도 못할, 수없는 함정도 함께 파이는 법이니, 시야가 얕은 눈으로 너무 낮아져 하나만을 아는 일에 세상의 즐길거리들을 전부 날려버리도록 하지는 마라.

언제나 즐길 수 있는 그 많은 세상의 일들을 비참하게 포기해버릴 바보의 만족감 또한 그 안에 같이 묻혀 있게 되는 것이다.

문장을 찾는 사람들,
내게로 오라

## 꿈이라는 목표와 나라는 인간의 목표는 같은가?

순수한 시절의 추억이 다른 과거의 친구들보다 더 큰 선명함을 잡듯, 어린 시절을 차지하는 습관의 영역은 영혼이 받는 사람의 환경이라서 거의 모든 사람들은 가장 먼저 이곳의 의지와 가까움을 잡아버린다.
그래서 연약한 마음의 부분들까지도, 어릴 적 기억의 길을 따라 예측할 수 있는 곳으로부터 약점들이 새겨지게 되는 것이다.
그러니 사람을 알아보는 전문적 기술이 필요할 때는 항상 그들이 가져버린 환경의 역사를 살펴가 보라.
편견들이 곧 사실이 되는 대개의 확률들은 언제나 사람을 파악하는 데 있어 정확한 자료로 되돌려지게 되어 있는 것.
편견이란 일단 한번 일으킨 후에 거둔다 해도 전혀 늦지 않게 되는 것이라, 일단 완벽하게 의심할수록 완전함으로의 한 발이 떼어지게 되는 것이다.

## 겸손과 거만 사이에서

반칙과 반칙이 아닌 것의 경계에서 사는 선수들은 이기는 승부에 자신의 주제를 확실히 던질 줄 안다.
주인공으로 주목받을 흐름의 싸움에서 먼저 우위에 서는 것이다.
그러니 그런 일류 승부사의 기질처럼 상대에 따라 다르게 격한 감동을 먹여버려라,
비난의 칼을 세운 날에겐 겸손의 맛을,
완력의 취향을 원할 기준에겐 완고함이라는 먹이의 맛을,
그렇게 원하는 것을 다르게 먹여줘야만 하는 심리의 세계에선 상대적인 정신이 타고난 무서움을 길러버리게 된다.

## 내일은 무엇이 있을지 모른다는 것, 바로 그것에 삶의 아름다움이 있다

아기 새의 지저귐은 어미 새의 걱정과 같이 천적의 소식을 부르듯, 만약 어떤 고통에 계속되는 울음이라면 무엇이 있을지 모르는 삶의 깊은 여운이 만족과는 점점 멀어지는 어리광으로 흐를 수 있다.
내일은 무엇이 있을지 모른다는 것.
그 물음에 결코 울음을 물리지 마라.
삶의 아름다움은 언제나 오늘이 남기는 그리움의 열정에 중심을 둔다.

(3)
# 시련

시련 속에선,

자신과 하나가 될 기억을 물려받는다.

그래서 그곳에서는

글지를 상대히는 교통이,

네 자신이 되어야 할 것이다.

그것은

지식을 상대하는 것이 아니라

두려움을 상대하는 것.

그것이기에

오랜 시간 인내를

자신으로 완성시켜낸 자들에게.

세상이 자리를 물려 바치는 것이기 때문이다.

## 희망이 내게 와서 물었다. 절망을 줄 테니 참을 수 있겠냐고

글자에 관한 해독의 기술은 글자가 이루는 문장이 아니라, 쉬어짐이 있는 띄어쓰기에 핵심이 있듯, 무엇인가를 바라는 마음 앞에선 사람마다 각기 다른 개성의 깊이로 절망이 먼저 붙는다.
그러니 당연함의 순서에 너무 흔들리지 마라.
그 크기들이 다를 뿐, 모든 이야기의 방식은 언제나 일정한 경로를 타게 되는 것.
희망에 앞서 띄워지는 모든 사람의 운명은 나만이 겪어야만 하는 외로움이 아닌 것이다.

## 여운의 마감을 내는 문장이 사랑의 눈물을 낸다

시련 앞에서 너무 말하지 마라.
말은 길어질수록 이해와 멀어지는 사이가 된다.

## 희생은 고귀하나 그 값은 다른 이의 눈물뿐이다

아무 후회를 담지 않을 자신이 있다면, 희생은 인류의 가슴이 된다.
나머지 모두를 끌어안을 거대한 배포가 되는 것이다.
그러나 결국 남게 되는 희생의 이익은 다른 이의 눈물만으로 그 값을 치르며 간다.
아무것도 손에 쥘 수 없는 가상의 이익, 감동이라 정의되는 그 희생에 사람은 어떤 시련을 담을 수 있는가.
어려서부터 희생에 광포해지지 마라.
만약 먼 훗날의 자신에게 있어 한탄만을 잡게 할 덧없는 감상이라면 그것은 눈물만으로 거래가 되는 희생의 시장에 좌절만을 품고 되돌아 올 낙오자로 전락해버리는 수가 있다.

## 익숙함은 편안함이라는 거래를 튼다

시장의 거래에서는 시세가 있고, 사람의 거래에서는 관례라는 방식이 있듯이 사람을 규정하는 한 사고의 틀은 사회를 움직이는 생산의 형식이 된다.

그러니 어떤 일을 해결하는 데 있어서 항상 새로워야만 한다는 해괴함에 중독되지 마라.

사람에게 있어 익숙함이란, 문제를 바라보는 기준이 되는 것이다.

물론 창의라는 형식은 더 큰 자유로움을 위한 최고의 방식이 되나, 새로움은 언제나 사회가 지닌 그 형식 위에서 그래야만 하는 이유 뒤로 접근할 때 세상 밖으로 나올 수 있는 길이 열리는 것이다.

## 네가 아닌 탐욕의 말이 새어나오지 않도록 네 정신의 의를 다하라



돈 위에선 자기 자식의 이름조차 잊어버리는 중독자들은 극단이라는 변화로 언제나 삶의 기준이 철학 속에서 나오지 않고 가진 것의 양에서 그때그때 다른 이득들로 세상을 지지해 나가게 된다.

그런 인물들과의 교류에 있어선 특히 의도하지 않던 비난의 탐욕이 새어나오지 않도록 정신의 의를 다스릴 줄 알아야 하는데.

물질의 소유에 유별난 사람들은 특별히 존중할 만한 정신적 단련은 되어 있지 않더라도, 한번 돈의 흐름에 올라탔을 땐 무서울 정도로 돈을 끌어 모으는 중심의 지대에 서 있게 되기 때문이다.

돈이란 힘은 웅성대는 소음에서 자라나 다른 소문들로 다시 사라지는 것.

만약 돈이 모이는 사람들 사이에서 물질의 통로에 적절한 발을 들이밀고 있다면, 언제든 자신의 품격을 가장 간편히 높일 수 있는 그 사회적 무기와 자신은 탐욕에 지배당하게 놓아두지 않은 채 많을 부를 거래할 수 있게 된다.

단, 그런 정신을 완성해나간 그들의 몫은 언제나 스스로 선택한 정신이라는 것을 잊어버리면 안 된다.

관계가 너무 깊어지지 않게 냉정을 목표로 돈에 관한 그들의 행운이 끝나는 시점까지만 사람 사이가 이어질 수 있도록 친근함을 조절 할 줄 알아야 하는 것이다.

왜냐하면 도박하는 사람이 무너질 땐 사람은 없고 본전에만 미쳐버리는 동물로 다시 태어나 주위의 모든 것을 집어 삼키려 하기 때문이다.

## 돈은 보이지 않는 여유의 근원이다

어쩔 수 없는 사람의 근본은, 언제나 현실이 먼저 말해버린다.
고통을 주면 움츠릴 수밖에 없는 사람의 신경이 이미 사람을 본능대로 치가 떨리게 하는 것이다.
자꾸 옆을 보게 되는 것.
그 무게감 없는 사람의 근원은 그냥 반응하도록 타고난다.
그러나 다른 사람의 성공을 가장 간단하게 진심을 들여 보내버릴 수 있는 방식이 또 한편에 있으니.
바로, 누구보다 먼저 사람의 근원을 채워내는 것이다.
다른 존재에 관한 인정을 자신의 내면에 그릴 수 있는 진심은 항상 돈이라는 인류의 발명품에 얽혀 있어서, 결코 사람에게 있어 의지대로 조절되지 않게 된다.

사물의 위치에 따라 변하는 인간의 깜박임처럼 아예 감아버리지 않는 한 생각보다 앞선 본능의 프로그램이 눈을 보호해버리는 것이다.

만약 더 큰 자신을 상대하는 사람의 진심에 발을 내놓고 싶다면, 우선 부유함을 쓸어 담으라.

시기와 질투로부터 벗어나는 인간의 독립심은 어쩔 수 없이 그런 가까움으로부터 기초를 세우게 된다.

## 인간은 시련 속에서 자신과 하나가 될 기억을 물려받는다

정신이 지닌 여러 마음들에게 하나의 믿음으로 반대를 던질 수 있는 신비로움.
그것은 지혜라는 결말의 정의가 된다.
그리고 그것을 이루는 사람의 과거는 자신을 알아낸 여러 마음의 부분들로부터, 그 신비로운 창조에 관한 비밀의 글들을 모으게 되는 것이다.
여러 가지 경험과 사고로부터 태어나는 자신의 분신들을 결코 내버리지 마라.
모든 세계와 하나의 소통을 이룰 수 있는 지혜로움의 탄생은 언제나 그 누구도 아닌, 자기 자신의 시련 속에서 자신과 하나가 될 기억을 물려받는다.

## 머리로는 진리를 읽어낼 수 없다

사람을 상대해야 하는 싸움에서 만약 예의를 모르는 사람이라면, 그 어떤 총칼이 자신의 품에 품어지더라도 다시 모든 것을 빼앗길 허무함만으로 전투를 치르게 되는 것이니.
똑똑함에 앞서 현명함을 바닥에 흘려버리지 마라.
예의는 자신의 목표를 이루게 하는 사람들의 수법들 중에서 언제나 최전방에 서는 공통의 무장이 되게 되는 것.
항상 결과로 말해내지 않는 어리석은 이들만이, 예의라는 힘을 무시해버리는 것이기 때문이다.

## 권력의 진실은 언제나 어두운 법이다


만약 어두운 불빛이 사회의 중심에 기대어 모든 것을 휘두르다 해도 자신의 배경에 그에 맞설만한 또 다른 무리가 가세해주지 않는다면 섣불리 싸우려는 표현과 하나가 되지 마라.

몰려 있는 이성의 사람들에겐 잘생겨 보이게 하는 어수선한 시력이 붙듯.

사실에 무리가 가세하게 되면 진실이라는 이름으로 새로운 흐름을 맞게 되는 것이 인간이 속한 집단의 사회적 특성이기 때문이다.

이미 어둠에 올라탄 권력의 인물은 이성보다도 감성에 이미 지배당한 뒤여서 어떤 소리도 그냥 외치는 것으로는 그들과 맞설 수 없다.

그 밤빛에 물든 사회의 주류는 오직 무너지고 나서야 깨어나는 최면에 걸려 있기 때문에 작은 표현들로는 그 어떤 이기는 싸움에도 참가 할 수 없게 되는 것이다.

## 세상의 입은 네 침묵으로부터 다물어진다

굳이 열지 않아도 되는 경계까지 찾아가 소리를 던지지 마라.

그냥 알아듣는 것이 안 되는 사람들은, 입이 아닌 다른 말의 소리가 경제적인 법이다.

언제나 무한함을 달리며 나가는 말은 힘쓴 걸음이 멀리가지 않듯, 길이만 긴 말은 먼 곳까지 날아가 세상을 잡을 수 없게 하는 것이다.

## 평온이 번식하는 마음의 빛으로 부탁은 제일의 입구를 지킨다

부탁이란 간절함을 들 줄 아는 것.
그것은 언제나
사악한 탐욕이 아니라
행복이라는 찬란한 소유로부터
움트게 된다.
행복을 지키는 사람들,
행복을 소유한 사람들은
결코 죽기 위한 싸움을 할 수 없기 때문이다.
그러니 부탁이라는 방식을 들어 사람을 사는 사람들과 넓은 교류를 하라.
그 인맥이 항상 실수에서도 용서를 아는 인간다움에 자신을 흐르게 한다.

## 인생으로 네 자신을 알아지는 것이다



꼭 지키고 싶다는 가장 큰 강렬함의 종류.
결혼의 이유는 언제나 그런 간절함을 준다.
거대한 소유를 가지고 삶을 지켜나가는 사람들의 전통인 것이다.
그렇게 인생으로 자신을 알아가는 사람과의 친분을 쌓아라.
언제나 새로운 문명은 그럴 만한 지대에서 태어나는 것이기 때문이다.

## 인류를 즐겨라

인류의 한 부분으로서 인류라는 더 큰 인간을 소유하라.
글자를 상대하는 인내가 곧 네 자신이 되도록.
쾌락의 뒤를 쫓다가 문득 외로움에 눈을 뜨는 존재는 비참함으로 인생의 황혼에 마감을 낸다.
만약 인간이 창조한 현실의 마법에 그것을 다스릴 줄 아는 마력이 당신의 영혼에 들어차지 못한다면, 글자는 인간과 또 다른 것을 연결하는 고유의 사슬이라서 이어짐이라는 영혼의 흐름을 끊어버리게 되는 것이다.
언제나 언어란 위대한 빈곤함을 흐르게 하는 것.
그것이 글자라는 마법의 힘이기 때문이다.

## 현명함의 반대편에 서게 되는 것이 원망이라는 이름의 깨달음이다

사람 누구에게나 원망이라는 현실은 그냥 스쳐 지니는 것이다.
한번쯤은 누구도 거스를 수 없는 소유의 욕구인 것.
그러나 그 직관의 사악함 때문에 이상한 깨달음의 배경 안에서 자신들이 계속해서 쏟아진다면 세상을 바라보는 모든 의문의 결과가 비겁함 속에서 사는 이도저도 아닌 생명체만으로 나머지 인생까지 야비한 쪽으로 흘러내릴 수밖에 없다.
그러니 거부하지 못할 어린아이로 평생을 기어나가지 마라.
언제나 한 순간의 시절이 지나친 이후의 삶은 그 모든 책임과 감성까지도 오직 자신에게만 결과가 달려오는 것이다.

## 준비는 또 다른 준비를 불러들인다

자유를 강요하는 것 또한 한 편에 속한 사람들이 전하는 강요의 한 방식이 될 수 있다.
그 어떤 무시를 배제한 사람의 힘 속에서도 자신과 다른, 다른 이에 관한 섣부른 명령은 또 다른 자유가 지닌 발전의 흐름을 파괴할 수 있는 것이기 때문이다.
그러니 끝없이 다양한 사람의 끌림에 성급한 자유를 던지지 마라.
구속을 원하는 이에게 던지는 자유라는 강요는 오히려 실패를 위한 만반의 준비만 될 뿐이다.

## 복수엔 편안함이 따라붙는다

그러나 기억하라.
또 다른 자연도 하나가 된다.

## 동정은 무시라는 힘이 내린 최상의 자기 최면이다

다른 이에 관한 제일의 품평인 동정이라는 의식에 섣부른 최면을 걸친 사람들과는 되도록 많은 기억을 섞지 말아야 한다.

다른 이들이 하는 행위에 있어 자신의 일보다 더 눈이 커져버리는 그들과의 대화는 아무도 모르는 사이에 함께 커지는 힘으로, 곧 자기 자신까지 무시감 그 자체가 되어버릴 수 있기 때문이다.

그런 고도의 자기 최면으로 일상이 계속되는 사람들은 다른 사람이 사는 성실함에 관하여 욕설은 안타까움으로, 인정은 신이라도 되는 흐뭇함으로 제각각 이상한 방식들로 남을 흘겨보는 데 습관이 미쳐 있다.

한번 맛을 들이면 깨어날 수 없는 술의 중독처럼 그들은 일상 모든 곳에서 보는 것들마다 한 수 아래의 인간들로 다른 세상의 품평들을 빨아먹고 사는 것이다.

그러니, 함께 취해버린 저녁에 우정의 묘미가 살듯, 섣부른 최면 속으론 이상한 토론을 날리지 마라.

언제나 현실은 술 취한 이에게 그가 깨어나기 전까진 어떤 말이라도 걸어줄 수 없는 법이다.

## 인내라는 습관의 창조자, 그것이 천재이다



어떤 새로움도 던질 수 없는 평범함들에게 자신의 탄생을
위한 서시는 언제나 인내만 있거나 인내도 지니지 못한 나
약함속에 새겨져 있다.
그것이 네가 되고 싶지 않다면 넌 더 큰 인내를 들라.
언제나 사람은 그 누구도 아닌, 내면에 속한 자기 자신의
창의로부터 창조를 쓴다.

## 환경의 동물들에겐 죽음만이 유일한 평등이 된다

편협한 시력의 눈으로 사실의 표현을 진실의 정의와 맞바꾸지 마라.
현실은 인간이 볼 수 있는 모든 사물의 이름이 되기 때문이다.

## 확신만을 찾다 이룰 수 있는 건 어디에도 없다

확신은 사실 다른 이의 눈길로부터 따라붙는 자연스러움일 뿐이다.
그러니 잘못하여 신성한 시작 위에 이상한 길을 옮겨 붙이지 마라.
사람들에게서 쏟아지는 인정의 소식이든, 스스로 비교하여 얻는 희열이든 약간 우위에 서 있는 존재들에게 조금씩 커져가는 흐름이 성취의 중독이라는 확신이 되기 때문이다.

아무 능력도 없는 존재에겐 그 어떤 세상도 확신을 붙일 수 없다.

자신은 언제나 아무리 확신을 외친들 세상의 한 부분으로서 자기 자신조차 세상의 믿음으로서밖에 상대할 수 없는 것이다.

능력을 만든 후 더 큰 확신들로 서서히 옮겨짐을 타는 일에 서 있어야 한다.

만약 어떤 크기의 능력도 손에 쥘 수 없는 상황에서 확신만 찾다 보면 무언가 해보기도 전에 모든 종류의 재능들이 자신이라는 무덤 속으로 이미 묻혀버리게 될 수 있는 것이다.

## 인내를 위한 다짐은 순간의 결정으로부터 완성되지 않는다

겸손이라는 포장은 실패 속에서도 자신의 모든 것을 버리게 만들지 않는다.
그러나 자만은 일단 실패가 올 때 숨죽여야만 하는 현실을 서서히 기르게 하는 것이다.
그런 때의 고통 속에선 참아야만 하는 인내의 크기가 최고의 절정까지 치오를 수밖에 없다.
겸손하다면 어느 정도 참는 것.
자만하다면 누구보다 강력한 믿음 안에서 모든 것을 쏟아부어야 하는 것.
각기의 방식들이 있는 것이다.

그러니 인내를 위한 무기마다 더 단련해야 하는 깊이를 파내려 가라.

겸손이 자만보다 편한 것이기에, 자만이 겸손보다 더한 것이기에 각각 집어 들어야 하는 종류들이 달라지는 것이 아니다.

더 맞는 것이 있다면 그 각각의 방식에 들어 맞게끔 일단 다른 각오를 먹어야 하는 것뿐이다.

그렇게 인내를 위한 다짐은 순간의 결정으로부터 완성되지 않는 것.

자신에게 들어맞는 성격의 방향으로 나가야 하는 길이 서로 다르게 존재하는 것이다.

## 침묵 속에 후회란 없다


자신의 마음은 따르지 않는데, 이미 어떤 일이 벌어져 그곳에 자신을 놓아두는 일이 생겨버린다면 가능한 모든 사소한 재미들까지 그곳과 섞이게 두지 마라.
잘못 전달된 친밀함의 의미는 옳은 것을 택하려 할 때, 자신을 따르던 모든 존재들에게 배신이란 사람의 얼굴을 자기 자신으로 그려 넣을 수 있게 하는 것이기 때문이다.

## 지나가는 개에게 입을 맞추지 마라

중요하지 않음을 덮쳐내는 특이함이 언제나 행위를 따르지 않고, 사람의 말에 집요함을 던지는 것처럼 쓸모없는 단어들의 조합에 자신의 소중함을 낭비하지 마라.
특별함은 항상 평온함에 기대어 선다.

### 당황이라는 마음을 가로막는 신의 의지, 그것이
### 차분함이라는 현실의 시력이다

몰려 있는 이성의 사람들에겐 좀 더 부풀려진 이성의 눈이 따라붙듯 반대편에 거대한 집단으로 무리를 이루는 세력은 사실보다 더 커지는 법이다.
그러나 그 당황이라는 눈에 속아 넘어가지 마라.
조급한 마음에 뒤를 밟은 이성의 사람이 매번 같은 확률로 실망감을 던져버리는 것처럼 차분함이 돌아올 때면 착각을 입은 논리의 뒤로 곧 제정신을 찾아온다.
그렇게 기다림이 있다면 내면에 존재하는 깊은 자신에게 신의 의지가 모든 현실을 알려 오는 것이다.
받으려 하면 누구에게나 던져지는 내면의 기적. 그 현실의 눈은 새로운 현실보다 먼저 발음하는 신의 의지로, 그것에 모든 기적의 저력이 달리게 된다.

## 경멸할 자. 내가 욕하지 않더라도 결국 세상이 그를 말아 먹는다

새벽을 느낄 수 없는 자 그리고 자신의 밤에 관하여 스스로 확신할 수 없는 자와 우정이라는 심연의 황금을 서로 나누지 마라.
부지런함과 창의 중 그 어떤 것도 선택할 수 없는 사람의 힘은 야비함까지 섞이는 사람의 결론으로 인생이 비참해질 때, 묻혀 있던 모든 황금을 내다 팔 위험한 투기가로 다시 태어나기 때문이다.

## 고통에 언어를 줄 때 고통은 고통이 아닌 것이 된다

피곤함의 어깨를 빌리지 마라.
근육으로 뭉쳐진 통증엔 또 다른 힘이 필요하듯, 더 큰 귀찮음이 닥쳐버린다.

## 어설픈 고귀함은 작은 자유만을 탄다

너무 많은 능력을 유명함에 내놓지 마라.
그곳에 묶여버린 존재는 움직일 수 있는 세상의 폭이 점점 줄어들게 된다.
고귀함을 아는 척하는 것이 고귀함이지 않듯 유명함만 아는 명성에겐 명성이 아닌 유명함을 아는 사람들의 노래가 먼저 닿아버리기 때문이다.
어디를 가도 자신을 알아보는 사람이 아니라, 자신에게 들러붙는 현실의 이기심들이.
자신이 하고 싶은 일보다 자신들이 하고 싶은 일을 먼저 정해버리는 것이다.

## 침묵은 현명함이라는 이름을 준다

설사 입이 벌려지는 특별한 재능이 평생 함께하지 않는 겁쟁이라서 입을 다무는 것이라 해도 침묵은 언제나 현명함이라는 기억을 준다.
사람의 이름은 그 기록이 다른 사람의 이름들로부터 심어지는 것이기 때문이다.
그러니 가만히 있어도 여기저기 달아오르는 다른 이들의 실수 옆으로 침묵이라는 작은 자리만 내라.
반드시 작은 사건이 터지는 것이 모든 사람의 운명이기에 시간이 붙을수록 저절로 침묵은 현명함이라는 이름을 준다.

## 죽은 자를 다시 묻을 무덤. 펜의 대세가 그 자리를 낸다

스스로 다시 죽을 자리를 끌어 모으지 마라.
매번 두려워해야 하는 것이 있다면, 그것은 펜을 들 줄 아는 사람들과의 전쟁에 있어서 언제나 그들이 원하는 핵심의 자리에 미소 지을 줄 알아야 한다는 것이다.
순수한 마음으로 끝을 맺는 펜의 역사는 인류 안에서 항상 소수의 자리에 서는 것이어서 더 큰 다수와 함께하는 완성의 자유를 위하여 자신의 존재를 꺾지 않으며 현명함을 내주어야만 하는 것.
언제나 펜은 그 두 가지 일을 한 번에 담지 못하는 사람들에겐 아주 작은 자리만을 내어주며 진다.

## 사랑하되 믿지는 마라

유쾌함과 가벼움을 혼동하는 것.
그 사소한 모순은 자신보다 지위가 낮은 사람들에게 벌려
질수록, 오묘함에 말이 꺾이도록 하는 유인이 된다.
만약 주체하지 못하고 계속 그 구멍을 파내려 가면, 어느새
모두에게 무시당하는 스스로의 함정 속에 자신의 지배할
모든 권리를 빼앗기게 될 것이다.
사람의 분위기란 더 강한 사람에게 끌리게 되어 있는 법.
사랑하되 믿지는 마라.
믿음에 관한 사람의 진실은 결코 사랑으로부터 피어나지
않는 것이다.

## 두려움을 아는 순간 모든 것을 해볼 기회는 사라진다

망설임은 현실을 치는 기복이라서 어떤 행위가 온몸에 차도 빈 흐름을 갑자기 퍼뜨려 놓는다.
그러니 주저하지 마라.
자신을 이끄는 타고난 내면의 리듬이 멈춰지지 않도록.

## 바쁘다는 것은 슬픔까지 잃어버릴 것이다. 그 기억과 몸이 하나가 되게 하라

만약 슬픔이 덮쳐 그 기억이 자신을 기른다면,
이미 꽉 채워진 생각 위로 더 생각할 수 있는 힘은 모두 사라지는 법이다.
곧 세상의 모든 슬픔만이 자신이 될 뿐.
그땐 슬픔을 쓰러뜨릴 핵심을 치라.
생각이 아닌 행위의 기억과 하나가 될 때, 닥쳐온 슬픔은 다시 자신의 한 부분이 된다.

## 같은 행복을 공유하는 자들에게 필요한 것 하나는 침묵뿐이다

사람을 모르는 사람과는 반복을 누리지 마라.
그런 이들과의 관계 속에선 항상 소문에 조종당하는 이야기가 사이를 엮어놓기 마련이고, 갑자기 시끄러워지는 분위기는 사람을 한참 들뜨게 한다.
소문에 취해야만 즐거움이 가득 차는 사소한 설렘들은 교활한 악의와 같이 서서히 이어가야 하는 속 깊은 정신의 거래를 서서히 무너뜨려버리는 것이다.

## 섣부른 사랑에 붙지 마라. 평생을 기는 졸음이 된다

비참한 사람의 눈은 현실이 어떤 말을 걸기도 전에 이미 모든 소식에 눈을 부라리고 있다.
그런 비참함을 건들지 마라.
모든 것을 잃어버린 자는 외로운 결심까지 강인함을 얻어가 숨죽이고 있는 법이다.
그 숨이 헛된 호흡으로 다시 자신의 어설픈 방식에 올라탄다면 모든 것을 다해야 하는 사랑의 정의 앞에 한 가지 특이한 상식이 먼저 붙어버릴 것이다.

(3)
시련

그때 돌려받는 무시라는 상식은 모든 것을 무너뜨릴 과욕이라서, 준비되지 않은 나약한 사랑 앞에 괴상함을 안길 조건으로 되돌아온다.
자신보다 더 큰 무서움을 지니고 있는 강인함 으로 한번 무너지고 난 다음에 모든 것을 잃어버린 헛된 사랑으로 자신을 만들어 갈 수 있는 것이다.
그래서 기억해야만 한다.
언제나 사랑은 대단한 강인함의 또 다른 이름이 된다는 것을.

## 존경이 아닌 생각을 따르라

황혼의 배경으로부터 서는 말엔, 현실보다 더 작은 현실이 앞장선다.
그런 과거의 명예로부터 모든 말을 쏟아 붓기만 하는 노인들과는 가까움을 나누지 마라.
사람의 존경심은 그 사람의 어려움이 식어지더라도 존중과 배움의 경계에서 점점 분명함을 잃어가는 법이다.
배울 만한 것은 언제나 현재로부터 새로움을 먹어대는 생각들에게 바쳐져야만 하는 것. 바로 그 제대로 된 존경에.
집착이 아닌 애정을 따르는 고귀함과 사람이 아닌 원칙을 따르는 이상의 날카로움이 유지를 얻게 되는 것이다.

## 놀라움의 연속에겐 질투가 시기를 묻다


특이한 사람들에게 특별함을 물리지 마라.
작은 애교도 이빨을 들고 물어뜯는 야생의 공포로 되돌아 올 수 있다.
사자에게 달려가 사람의 걸음으론 다시 도망 나올 수 없듯 사소하게 일어난 유명함에 떼로 덮쳐버린 소문은 그들에겐 실아 있는 먹이로.
한 번씩 물어버리면 어쩔 수 없이 인간은 한 점의 살점이 떨어져 나갈 수밖에 없는 것이다.

## 의지는 상관없다. 그래도 도망은 계속되는 것이니

배신이 화려하게 완성되는 사람의 전설은 대를 이은 잡념의 뒤로 자신의 모든 운명을 건다.
평생 차분함을 아는 기류에 자신을 숨겨놓았다가 기회가 오는 순간 최고 수준의 구걸로 자신의 어미까지 팔아버리는 것이다.
만약 사회의 중심에 이름을 거는 법을 알며 이런 최고 수준의 구걸로 사는 사람들이 시대를 이끈다면, 그 사회는 자신들이 좋아질 세상이 아니라 다른 어떤 곳의 식민지로 자신들이 아닌 다른 이들의 원할 또 하나의 나라로 만들어질 수밖에 없다.
그러니 국가를 걸고넘어진 거지들이 대를 이어 시대의 정신에 오물을 먹이지 않게 해야만 한다.

만약 그들이 후손에 부까지 이어 막후로 씨를 뿌린다면 다른 이들이 필요한 세상을 만드는 데 야비한 훼방이 들어오는 새로운 경로가 늘어나게 되고, 결국 그들의 사회는 서서히 다른 것의 소유와 하나가 되는 더 넓은 국경을 그어버리게 될 것이기 때문이다.
결코 속아 넘어가서 마니.
구걸하는 자의 계략은 더 큰 힘이 짓눌러오는 막후의 침략이며, 결국 자신들이 원할 세상의 오기가 아니라 끝없이 퍼주기만 할 덧없는 고통의 구멍으로 정치를 연다.
처음에 막아내야 하는 것이다.
아주 조금의 시간이 흐른 후, 가족이라는 문을 열어 그들이 시대의 뒤로 얼굴을 숨길 수 있는 법을 소유하게 되면 잡으려 하는 의지는 모두 헛된 것이 되어버린다.

그들은 이미 영원히 칠 수 있는 도망에 올라탄 것이니 시대를 먹기 전에 더 빠른 칼로, 만약 그 시한이 지나치면 칼보다 강한 인류의 무기로 끝없이 그들을 치라.
사회는 하나의 거대한 인간이라서 조종이라는 치욕을 안을 때, 자신을 스스로 이롭게 할 모든 세력의 기가 하나의 이름으로 뭉쳐짐을 포기하게 되는 것이다.
그 땅 위에 존재한 사람이라면 어쩔 수 없이 그 땅의 신성함을 지켜내야 하는 것.
언제나 원하는 것은 스스로 일으킨 고뇌에 대한 산물이며, 완성이라 함은 스스로의 노력에 대해 일어난 열매로 되돌아오는 것이다.

## 환경이 키운 버릇만큼 인생이라는 습관은 운명이 된다

법보다 주먹이 가까운 사람들은 융통성이라는 자유로움을 안다.
설사 자신의 주먹에 피가 터지게 돼도 할 말이 없게 미리 길을 열어놓는 것이다.
그러니 만약 주먹을 써야 하는 일이 생긴다면 상대를 알아보고 제대로 치라.
그것에 미쳐 있는 다른 세상의 사람들은 더 큰 당연함으로 칼을 꽂아버릴 것이니.

## 상상의 취미에 취한 자들에게 오늘은 이미 꿈을 이룬 날이다

들떠버린 마음은 서서히 잠식되는 좌절의 또 다른 방식일 뿐이다.
그들이 드러날 때마다 함부로 소음을 물리지 마라.
인간의 입에서 터져대는 사소한 수다는 현실에 머무름을 알도록 너무나 가벼움만 노래하기에. 차칫 함부로 끊을 수 없는 반복의 마디처럼 자신의 귓가에 다른 것의 의지가 멈춰 흐를 수 있다.
꿈은 상상의 취미에 취하지 않는 법.
언제나 내면의 목숨 건 책임에, 꿈이라는 거대한 운의 흐름이 운명으로 바뀌어 흐를 수 있는 것이다.

## 바보는 지루함에게 사랑을 준다

이상함을 자신 안에 들이는 사람이 되지 마라.
사람은 고독만으로 경이로움을 얻을 수 없다.
항상 사람의 선에는 다른 사람이 이어져야만 긴 삶의 흔적이 한 점을 찍어 낼 수 있는 것이다.
인생에 한하여 허무한 자신감이 후회로 결론지어지지 않도록 신비로운 풍광은 언제나 지루함을 반대로 사는 사람의 노력과 사랑의 진심에 절경을 연다.

## 뛰고 나면 걸음걸이는 쉬워지는 법이다

모두의 중심으로 새로운 습관을 받아들이게 하는 인간의 형식은 매력이라는 통로로 그 마력을 퍼뜨려놓는다.
사회라는 사람의 자연 속에서 그 힘을 키우게 되면 한 존재는 풀밭의 한 아름다움처럼 자신의 영역을 더 크게 뿌려놓을 수 있는 것이다.
그러니 지식만을 파고들어가 결국 아무것도 될 수 없는 사람이거나, 겨우 조그마한 자리만을 차지하는 사람으로 태어나도록 스스로에게 수준 낮은 경쟁을 물려주지 마라.
자신의 매력을 흩날리며 자리를 차지하는 사람들은 곧은 움직임이 없더라도 다른 생명체들이 본능에 취해 가보지 못한 곳들로 자신의 분신을 멀리 퍼뜨려주게 된다.

(3)
시련

그래서 항상 멋이라는 운명과 외모가 이어지도록 자신의
매력과 경쟁이라는 강인함을 함께 골라 담아가, 남만 보며
달려가지 않는 그 경주의 조절 다음에.
자신의 혼이 뛰고 나면 세상이 쉬워지는 걸음걸이를 얻을
수 있게 되는 것이다.

## 시간이 나를 후회시킨다

침묵이 흐르지 않는 부는 그만큼의 귀찮음을 물어버린다.
특히 사람을 찌를 부의 소문 앞에 자신의 입까지 열어 다른
이들을 흔들어놓는다면, 앞뒤 가리지 않고 자신에게 매달
리게 할 모든 경계들을 흐려놓게 되는 것이다.
사람의 분위기는 강력하게 사람을 제지하는 보이지 않는
장벽이라서 일단 그 경계가 무너지고 나면 이름 한번 들어
본 적 없는 먼 나라의 외인들까지 자신을 찾아오게 만들어
버릴 수 있다.
그러니 시간 안에 그런 후회를 열게 하지 마라.
만약 참지 못할 흥분에 많을 것을 자랑한다면 특별한 소유
의 특권이 다른 사람들을 위한 모험의 지대로써 자신을 위
한 시간까지 다른 이들에게 통째로 빼앗겨버릴 수 있는 것
이다.

## 없던 것에 대한 새로운 기억, 그것이 디자인이다

너는 너를 디자인하라.
개미라는 것의 일생은 없고 개미라는 종족의 생존만이 존재하듯이, 자신에 관한 새로움의 삶이 터져대지 않는다면 다른 이를 위해 버텨줘야만 하는 인간의 기둥으로 인류라는 종족만을 위해 자신이 쓰이게 될 것이다.
결국 아무것도 없는 인생에 막연한 기대를 품지 않게 하는 것.
디자인이 나의 것이 되지 않는다면, 언제나 모든 삶의 소유는 스스로 변방으로 물러질 수밖에 없다.
자신의 가치를 잡아야만 하는 것이다.
내 자식이란 새로운 생명체의 기억이거나,
내 능력이란 새로운 사람의 탄생이거나.
어느 하나라도 잡지 못할 난해한 삶의 소유자라면 자신이라는 한 사람의 일생은 단지 인류라는 더 큰 종족에 뭉뚱그려질 사소한 장식만으로 현실을 낸다.

## 신이 만든 세상 위로 덧칠하여 기적은 일어나기 때문이다

자연이라는 세상의 법칙을 넘어 기적을 보려하지 마라.
그걸 자랑하며 말하는 자, 스스로 신이 되겠다는 거짓에 취해 비틀거리는 것이다.
우연으로부터 감춰지는 세상의 순환 속에 신은 따로, 또 함께 언제나 인간의 죽음 뒤에서 기다릴 수밖에 없는 것.
그러나 죽어보지 않고 느낄 수 없는 저 세상에 유독 자신들만 진실이 품어진다는 일상의 자신들은 이미 죽어버린 사람들의 신이 되려 하는 죽음의 사업자들일 뿐이다.
언제나 모른다는 깊은 의문이 점점 더 치열해져, 결국 사람 속에서 살아남기 위한 겸손이 아니라 진실을 향하기 위한 완성의 겸손에 사람다워지는 진짜 인간들에게 종교의 미를 품어야 할 것이다.
바로 그런 물음의 믿음이 설 때, 태어날 때 각자에게 맡겨진 각각의 세계들이 자신이란 세상의 믿음을 따라 인간의 기적에 인류로 선다.

**뜨거움 없는 울음들에게 시작이 없는 평생이
흘러내린다**


다른 인간을 품게 되는 것. 그것은 기다림이란 시간을 통해
자신의 경험 속에 먼저 자리를 낸다.
그러니 자기 자신에 관한 특유의 경험을 들여다보라.
사람은 언제나 다른 이로부터 생명을 얻는 환경의 기술자
라서 가벼움으로 스친 무거움 속 눈물들로부터 환경을 만
들 거대함이 깨워지게 되는 것이다.

## 뜨거움이 맺는 열매와 차가움이 맺는 열매는 그 맛이 다르다


호소는 다른 이의 주제로 나의 입이 말길을 열 때, 인정받을 수 있는 사람의 감동이다.
그러니 자신의 모든 일은 아무렇지도 않게 차 가움으로 입을 물어라.
내가 아닌 것을 구해내는 데 쓰이는 짙은 말이 나를 빛내는 감탄이 된다.

## 죽음 앞에서도 재미를 찾으라

배고픔은 현실에 없는 사랑을 준다.
더 큰 나를 그리워하게 할 고독감이 그것이다.
그러니 인간으로서 자신의 한 부분들일 수밖에 없는 비난과 무시와 폭력들을 너무 미워하지 마라.
이것이 아예 존재하지 않는 오직 온순함은, 곧 더 큰 위험을 부르게 된다.
참다 한꺼번에 터져버린 폭식의 부름처럼.
모든 질서가 무너져 좌절과 죄악과 범죄들로 이미 배가 불러와도 미친 듯이 더 먹게만 되는 조절 없는 비난과 무시와 폭력 속으로 빠져버릴 수 있는 것이다.
죽음 앞에서도 반드시 재미를 찾아라.
약속된 신성한 비난 앞에서, 능력의 고상한 무시 앞에서, 원칙을 지키는 게임 앞에서.
사람은 모든 건전함을 유지시킬 쾌락의 뿌리를 내릴 수 있다.

## 아늑함 그런 희망에 누워버릴 때, 끝 아득함의 희망이 닥쳐온다

인간은 중독과 허무감이란 선물의 기로에서 신의 놀음을 던질 수 있다.
기대감에 조용히 미쳐 오르게, 현실감에 서서 모든 정신이 사라지도록.
신앙이라는 정신의 가설에 신비의 뿌리가 있듯, 보상이라는 심연의 속살 속에 사람의 혼을 파버릴 수 있는 절정이 잠들고 있는 것이다.
그러나 너무 쾌락대로 힘을 박아두지 마라.
그런 영혼의 탐욕엔 다시 존재하지도 않던 악마의 울분이 자신의 모든 것을 먹어 치워버릴 수 있으니.

### 후회는 언제나 같은 것을 새로움으로 태워버린다

행동으로 건네는 말만이 사람의 귀를 건드려 놓는다.
그러니 입에 허망함을 걸지 마라.
사람에게 전하는 언어를 모를 때, 모든 사람의 입은 오히려
다른 하나만으로 흐르게 된다.

## 발음이 깊지 않은 배우는 그 앞으로 어떤 해가 떠오르더라도 끝 스스로 식게 된다

과장된 웃음 사이로 세월이 애석하게도 시간보다 앞서 큰 주름을 그려주듯, 경계를 넘어 펼쳐지는 사람의 기술은 때론 의도와는 다른 불편함을 가져오게 된다.
그러니 사람과의 속 깊은 정신의 승부 속에서 도를 지나치며 어설픈 발음을 반복하지 마라.
외우기만 하면 되는 것이 예술의 각본이 되지 않는 것처럼.
흉내 내기만 하는 사람의 정신은 곧 모든 내면의 기술에 대하여 스스로 식을 수밖에 없는 포기를 기르게 한다.
언제든 지나친 겸손과 흉포한 활력은 굽실거리는 건들거림과 도를 넘어간 무관심으로 되돌아오는 법이다.

## 이해는 본능의 것이다

하급 병사들에게 친절을 쏟는 부드러운 선임보다, 화를 아는 선배의 말에 반응하는 생존의 프로그램처럼 이해는 본능의 것이다.
좋고 나쁨의 사람됨에 있어서 사람을 가리게 되는 것이 아니라, 생각의 힘을 빼고 사람다움에서 약간은 멀어진 사람들의 자연스러운 행농인 것.
그러니 비가 바람을 품고 자신의 존재를 멀리서부터 알리듯이.
항상 잘해주기만 하는 어설픈 풍류들로 바닥까지 무서움을 비워내는 사람처럼 보이지 마라.
사랑이라면 모든 기억을 지워버릴 냉혈한처럼.
무력이라면, 사람을 단칼에 죽일 살인의 병기처럼.
잘못된 것에는 화를 낼 줄 안다는 자연스러움에 다른 이들은 눈치라는 근사한 존중을 올려주게 되는 것이다.

## 노인은 젊음과는 다른 확신에 산다

만약 노인을 이해시켜야 하는 젊음이라면 자신의 방식대로는 어떤 것도 물어뜯지 말아야 한다.
노인과 젊음 사이에 선 반대의 길이 사람을 열 때, 결국 모든 괴로움에 책임져야 하는 것은 언제나 젊음의 편에 남아버리기 때문이다.

## 변방의 입은 끊임없이 다물어지지 않는다

부러움은 상대의 눈에 총명함이라는 몰입을 준다.
그래서 은근히 드러나는 멋.
바로 그것만이 기한 없는 열망의 매력이 되는 것이다.

## 좌절은 사소함이 설득시킨다

충격은 양면의 현실을 모르게 한다.
만약 어린아이의 유치함 속에 다 큰 어른의 심각함을 들고 찾아가, 작은 일에도 어려움을 반복하여 굳게 되면 모든 일을 해볼 수 있는 기회의 정의를 한쪽 방향만으로 점차 기울어지게 하는 것이다.
특히 사람의 완성도는 하루라는 정신의 소유물에 무한의 미래가 담겨지는 법이라, 반복해서 사소한 몇 날들에 좌절까지 안기도록 한다면 언제나 바로 그 하루가 좌절을 잇는 평생만으로 흘려져 버리게 된다.

## 약속엔 새로운 생명이 핀다

신뢰를 타고 넘어간 사람의 기억이 다른 문을 열게 하는 것이다.
함부로 자신의 분신들을 꺾어대지 마라.
일상의 잔인함 속에 진짜 죽음이 있다.

### 중독되면 너도 모르게 나갈 것이다

자신을 잡아먹는 우월함엔 만족의 경계들로 자신을 보호하라.
한 성공으로 커져버린 마음속의 배포는 점점 더 큰 만족들을 향해 자신도 모르는 곳으로 뛰어나갈 수 있다.
만약 자신의 어두운 탐욕 속으로 집착이라는 지름길이 놓아진다면 순수한 시작이었던 모든 욕심이 세기의 우울함으로 변절될 수 있을 것이다.
한심한 중독에 나서지 않게 하는 것.
지금 그 자리에서도, 얼마나 많은 사람들이 부러움을 달고 있는 자인지 그 간단한 사실을 돌아보지 못할 때.
사람은 음흉한 속물의 기로에 선다.

### 죽기까지 성실할 수만 있다면 자만은 최고의 무기가 된다

남을 칭찬하는 일엔 자신을 낮추는 미묘함이 끼어들어가, 그때마다 수치를 터뜨려 결코 칭찬을 내어줄 수 없는 불행한 사람들이 있다.
그런 저질의 자만들은 결코 사람을 키우는 자신감이 될 수 없는 것이다.
아무것도 아닌 사람들이 되게 하는 상류의 매력이 자신이 되게 하지 마라.
인정이라는 여유와 함께 성실한 자만에 대하여 매진하는 일만이 탁월함이란 연상에 자신을 이어지게 하는 것이다.

**하나의 생각에 관한 나의 이해를 탈 때 다른 이의
감동은 끝 내 정신의 또 다른 머리가 된다**

비유는 신의 마음이 된다.
고뇌해야만 하는 혼돈에 관하여 이해라는 정리로 아름다움을 붙여놓는 것이다.
부디 네 삶이 그 인간다움과 떨어지지 않도록 감명의 일상을 키워라.
언제나 삶의 기적은 사람에게 있어 공포, 두려움, 가난, 열등을 띄워놓기만 하면 되는 오늘에 있듯.
비유는 완전할수록 오직 세상 그 자체를 정확히 음미하게 하는 것이기 때문이다.
문학, 음악, 학문, 미술.

그 혼란의 세계들은 자연을 이해하는 우주의 언어들로서, 항상 감명이라는 모든 이들의 대지 속 끝없이 조금의 과장도 아닌 세상 그대로의 사실들이 읽혀지기를 숨죽이고 있다.

모든 사람의 거대한 시작에 관하여, 신의 진실을 그 어디라도 흐르게 하는 깃.

책과 예술이라 발음하여, 사람의 선배들이 핏방울이 맺혀가며 끌어 모은 우주의 정리가 너의 의지에 스스로 일으킬 거대한 기적을, 이해라는 인류의 언어로 선물하게 되는 것이다.

## 서두를수록 실수는 빠르게 우릴 찾는다

어리석은 이들은 똑같은 문제들을 항상 다른 표현들로 끊임없이 재창조하는 이상한 재능을 갖고 태어난다.
그러나 그 선천적인 정신적 크기와 서두름에 잠시 이끌려 버린 순간의 어리석음에 자신까지 속아 넘어가지 마라.
도대체 넌 왜 멍청해지는가?
조급해지기 때문에 멍청해지는 것일 뿐이다.
언제나 어리석음과 어리석었던 것은 다른 종류의 사실이 된다.

## 눈물에 대하여 스스로 울음을 물리지 마라

뜨거웠던 삶의 자랑을 언제나 포장 위로 스스로 흐르게 하지 마라.
자신의 고통을 자꾸 읊어가며 일상의 지겨움을 얻은 위인의 존재는 신비로움에 사는 특별함이 아니라 또 한 명의 현실 속의 사람이 되어버릴 뿐이다.

## 야유의 살기를 꺾지 마라

사람의 실수에 관하여 야유를 내릴 때, 먼저 그와 이어진 혼의 살기를 살펴야만 한다.
아무 후회도 남기지 않을 둔감함은 그 연을 계속 붙잡고 있는 주변 사람에 의해 잘못이 이어지는 것이고, 변화를 아는 사람의 에너지가 존재하는 자에겐 최고로 내려줄 수 있는 아픔이 언제나 스스로의 후회 속에서 치열함을 끌어올리기 때문이다.
삶을 상대하는 기력의 차이가 사람마다 다른 방식을 들어 상대해야만 하는 것이다.
잘못이 벌어지는 틈으로 누구에게나 같은 모습만 보이면 된다.
모든 것을 안다는 듯한 침묵의 위로 눈빛만 보태줘라.
인생의 책임을 모르는 이들에게는 그 눈빛이 언제까지나 무슨 소리인 줄 알려고도 하지 않는 베일에 싸여 연을 끊어버리면 될 것이고, 통증이라는 삶의 신비에 계속하여 자신의 뼈대를 대어주는 이들에겐 그 쳐다보는 한 줄기 무시가 고통을 여는 또 하나의 가시가 되어버릴 것이다.

그러나 만약 고통을 줄여주는 압박으로 가벼운 혀를 들어 그들을 아픔 속에서 풀어주게 되면, 모든 살기는 오히려 자신의 책임으로 돌려지게 된다.

그런 수순 낮은 책임을 더하는 집단이 수장이 되지 않는 것은 항상 사람을 아는 자신의 의지에 달려 있다.

고통이란 정신의 통증이 관연 어느 곳으로부터 오게 되는지, 연을 끊어버리면 되는 간단한 방식에 복잡함을 달아버리게 않게.

연을 끊어버릴 수 없는 괜찮은 사람들에겐 더 줄 것이 없는 고통에 입을 벌려 무서움에 관한 모든 지배의 권리를 잃어버려선 안 될 것이다.

## 결코 들켜내지 않는 자만이 결국 모든 대가를 완성시킨다

말을 함부로 열 수 없는 위치에선 말 자체가 위험이 되는 것이 아니라 그 순간으로 열게 할 세력의 규합이 진정한 위협으로 태어나는 것이다.
단지 많은 사람들을 무서워해야 할 것이 아니라, 그들을 걸고 같이 넘어질 상대들을 항상 경계할 수 있어야 하는 것.
말에 말을 이어붙일 수 있는 해석의 범위는 끝도 없어서, 어떤 단어 하나가 자신의 무덤이 될지 전혀 알 수 없는 일이기 때문이다.
언제나 대중의 말은 가벼움이 가득 찬 단어들로부터 단지 유행이란 웅성거림으로 끝을 맺게 되지만, 그것으로부터 호소를 이끌 이들이 가공이라는 조금의 변화를 이어 붙이게 되면 웅성거림은 한 편의 세상 그 자체로 다시 태어나기에 말은 들을 수 있는 사람이 많아지는 위치로 오를수록 조용하게 다물어져 가야만 하는 것이다.

## 몇 가지 새로움 앞에 현실은 고개를 숙이게 된다

직관이라는 무기는 집념이 키운 고뇌의 운이어서 매번 같은 새로움으로 자신을 일으킬 수 없다.
그러니 이전만큼의 새로움을 보일 수 없게 된다면, 자신을 이끌 것은 오직 침묵뿐이다.
사람은 침묵에겐 그 전에 벌려놓은 상상에 생각을 걸게 하지만, 그건보다 못한 사람의 현실엔 무시라는 환호들로 자신을 위로해가기 때문이다.

## 진리는 언제나 발견해내는 자의 것이다

단어는 사람을 캐는 광부의 손끝이라서, 다른 사람들이 파놓은 땅에 들어가 지식의 대지를 내려치면 그 정도의 범위 속에서 생각의 한계를 정해버릴 수 있다.
그래서 의문이라는 광야로 땅 밑을 파내려가지 않는 사람들에겐 가까움을 붙이지 말아야 하는 것이다.
핵심을 알아가는 사람의 대화들로 진부한 함정에 빠지지 않는 이들에게서 돌고 도는 끝없는 의문의 핏방울만이 사람을 키우는 위대한 전통이 될 수 있는 것.
학문과 종교는 읊어야 하는 가사가 아니라 질문을 위한 기본 박자가 되는 자들에게서 언제나 자유라는 발견이 내려지게 되는 것이다.

## 가장 고귀한 애국심, 그것은 반항이라

사소함에도 심각함을 빌려와 오글거림을 토해내게 하는 비위들은, 언제나 자신을 향한 책임엔 가벼워진 채 국가를 이끄는 애국심엔 광적으로 흥분하기 시작한다.
그러나 항상 가장 고귀한 애국심을 끌어내는 진지한 존재들은 오랜 시간의 기다림 속 자신이 지닌 흥분의 한을 제대로 터뜨리길 인내하고 있는 법이나.
그러니 기억하라.
반항이란, 세상에 자신할 수 있는 한 자리를 낼 때 모든 것을 불사를 수 있는 자에게 되돌아갈 진정한 표현이 될 수 있는 것.
아무것도 가진 것이 없다고 하면, 자신의 생명조차 불태워 버릴 수 있는 제대로 된 한이 고귀함으로 모두에게 돌려질 수 있는 것이다.

## 게으름 앞에 정신이 맑아질수록 두려움은 나를 본다

도시의 수풀은 언제나 콘크리트 덩어리들로 움켜져 있다. 그리고 그곳의 숨결을 자라나게 하는 것은 삭막함이고, 사람을 모아놓게 하는 것은 결국 화려함인 것.
그러니 자신의 목표를 위해 달려가는 삭막함과 당당함에 즐겨질 화려함에 멋을 아는 사람이 되어라.
도시라는 인류의 거대한 목표는 그럴 만한 사람들에게만 모든 것을 제공할 인간의 자연으로서 꾸준한 야생을 평생에 걸쳐 풀어놓게 되는 것이다.

## 당연함에 소리치지 마라

가벼운 만족에만 입고리가 치고 올라가 오랜 유흥을 치장시키지 마라.

만약 정신이 최소한이라는 사회적 기준을 계속해서 모르게 되면, 비교할 수도 없는 나머지 인생이 모든 것을 빼앗아버리게 된다.

앞으로 이룰 수 있는 전부가 나를 지배하는 자들에게 소리쳐 얻은 몇 방울의 결과들로만 적셔지게 되는 것이다.

## 마음을 갖기 위한 기도
### 행동이란 자신의 흔적으로부터 믿음을 내리게 된다.


행동으로 논해지지 않는 인생의 질의들은 마음이 사라질 삶에 대하여 강요해가는 우둔함일 뿐, 무한한 경험이 스스로 내 몸이 되지 않을 감흥 없는 배움들에겐 너무 많은 일을 기대하지 말아야 하는 것이다.

믿음을 아는 사람들에게, 자신이 선택하지 않는 모든 진리는 행위 하지 않는 생각 속에 이미 있듯.

마음은 시도해야만 하는 행위의 예술가에게 결국 자신이란 작품을 내리게 되는 것이기 때문이다.

## 배경은 선택의 기준이 되는 사람의 판단이 된다

불만이 잡고 있는 혀는 작은 움직임조차 모든 뜨거움을 잃어버리게 된다.
그런 사소함을 건들지 마라.
딱 그만큼의 불만이 곧 자신에게 되돌아갈 모든 종류의 감사함에 대하여 조용한 거절을 띄워놓을 때, 미래라는 희망은 가진 것의 한계 속에서 반복하여 제자리를 그리게 된다.
가진 것이 있어야만 이룰 수 있는 사람의 사회 속에서 재력과 부모보다 더 크게, 사람의 판단을 저지할 확고한 배경을 풀어놓게 되는 것이다.

## 뜨거운 모욕만큼 차가운 칭찬은 인간의 심부를 서서히 열어젖힌다

타고남에 관하여 누군가의 이름이 그곳에 채워지는 것은 가장 강력한 인정의 환호가 된다.
그러나 그 사람의 표현을 인간이라는 정의와 뒤섞지 마라.
만약 심부까지 열어젖힌 자신의 마음이 존재의 이유에 관하여 따라붙은 인기를 즐겨내지 못한 채, 도리어 그것의 마력에 지배당하게 되면.
능력의 조종을 넘어서 행복에 빠지는 스스로의 사소한 결정들까지 다른 이들의 허락을 구해야만 하는 사회의 사소함으로 깊이 망가져 모든 자유를 잃어버리게 될 것이기 때문이다.

## 모든 이가 미쳐질 때, 그것을 거부할 수 있는 단 한 사람. 그것이 바로 리더이다

패배 속으로 빠져든 이들은 그 종류들대로 각기 다른 믿음에 선다.
하나의 현상이 다른 형상들에 관하여 여러 종파들로 싸워지도록 생각이 아닌, 자신이 속한 집단의 이익들대로 여러 사람을 나눠버리는 것이다.
그러나 그들을 바라보는 관색들의 결론은 항상 인내를 통하여 사는 정극만으로, 감명이란 이성이 스스로 일어나게 되는 것이니.
넌 결코 모든 사람이 미쳐지지 않도록 하는 자리에 올라 이상한 소음을 물려나가지 마라.
언제나 혹독한 광기로부터 자신만을 책임지는 자의 명령이, 권한만이 깃든 신성함으로 사람을 움직일 수 없게 만들어 버리는 법이다.

## 모든 것을 걸어볼 새로운 감격, 그것이 비전이라는 외로운 울림의 통로다

사람의 가장 위대한 재능은 항상 연구를 아는
기술로부터 사람의 완성을 둔다.
연구란 세상 그 어디에도 존재하지 않을 현실의 노력에 관하여 정의하는 한 가지 단어가 되기 때문이다.
그러니 만약 세상 그 누구보다 먼저, 세상에 나올 새로운 가치를 알아볼 감격에 자신의 모든 것을 걸어볼 외로움이 있다면 부디 그 길을 가라.
그 새로운 울림의 통로가 바로 비전이란 인류의 기적이 된다.

## 상처받는 짐승은 울음이 없다

죄책감이라는 오래된 혁신을 무기로 갓 태어난 아이들부터 차례차례 포섭의 대상이 되는 오래된 관습들은, 속 깊은 울음의 배경을 무섭게 만들어놓는다.
조금이라도 아플 때, 가장 먼저 찾게 되는 것이 신일 수밖에 없는 공포를 종교로 주는 것이다.
그러니 그곳에 터지는 울음에 너무 취하지 마라.
모든 의문을 없앤 믿음의 확신은 언제나 사람을 없앤 사람이 되어 집단이 흐르라 하면 눈물을 내는 부분들 정도로 사람의 의미를 던질 것이기 때문이다.
언제나 속 깊이 그어낸 상처에 다시 그을 상처는 죽음으로 이어지는 일격일 뿐이다.

## 진실은 서서히 그 생명을 피운다

만약 진실을 가둔 혼란의 시야에 사로잡혀 아무것도 볼 수 없는 심란한 때가 오게 된다면 시간에 기대어 기다림이란 승부의 방식으로 생존을 열라.
흔들린 의심은 사람을 치는 정신의 괴물이라서 사실보다 더 큰 가설의 두려움으로, 제대로 된 의심의 모든 예지력까지 이미 잃어버리게 할 것이기 때문이다.

## 성공은 모든 상처를 눌러버린다

의도하지 못한 채로 떠다니는 자잘한 마음의 이야기꾼들은 언제나 자기 자신의 오묘한 수치가 되어 정신 속을 매일 헤매어놓는 법이다.
그러나 성공은 그 모든 상처를 눌러버릴 수 있는 현명함을 키운다.
평생 기억해야만 하는 고통에 대해 잠시 스쳐 지나가는 잡념 정도로 마음속의 자연스러움을 풀어놓게 되는 것이다.
그러니 상처를 잊기 위하여 단순한 생각을 들어 올리지 마라.
없앨 수 없는 정신의 흔적은 더 큰 기록을 갖는 자신의 이름 앞에서, 영원히 사소함이란 색을 칠해놓을 수 있게 되는 것이다.

## 부서움은 생각을 먹이로 사람을 떨리게 한다

사람을 치는 또 다른 사람은 언제나 자신의 가슴속에 같은 하늘을 연다.
보는 것은 같아도 사는 것은 다른 사람의 당연한 세계를.
자기 자신부터 알도록 내면의 가장 가까운 곳에 심어두는 것이다.
그러니 너무 어렵게 생각하지 마라.
무서움이 이는 세계의 반대로 가벼움이 흐르는 현실의 기쁨도 딱 그만큼 서 있다는 것을.
우리는 언제나 그 무엇도 아닌, 자기 자신의 존재로부터 이미 모든 것을 전해 듣고 있다.

## 선택이 부른 결과엔 후회가 차도 비움을 안다

사람의 숨은 생명이 꺼지지 않는 한, 뱉으면 되쉴 수밖에 없는 반복의 그림자로 언제나 스스로 내리는 움직임에 모든 것이 달려오는 법이다.
그처럼 선택이 부른 결과엔 아무것도 남지 않는 현실의 만족이 영혼의 그림자처럼 곧 온몸에 붙어버리게 된다.
자신이 내린 선택에 따르는 정신적 크기가 성공보다 더 큰 만족의 세계를 자신의 삶 속에 부르게 되는 것이다.
그러니 다른 사람의 말로 빛을 비추어 자신을 따르는 삶에 몰입하지 마라.
완전히 머리에서 떠오른 해는 오히려 모든 그림자를 자신의 몸에서 떨어지게 하듯, 스스로 선택하지 않는 생의 목적에 비움을 모르는 차분함이 대를 이어서 인류를 혼탁하게 만들어 나가는 것이다.

## 기억에 시간이 투자될 때 그리움이라는 이익을 얻는다

속 깊은 아름다움과 함께 삶의 절정들이 네 드라마로 쓰일수록 인생에 관한 해석은 신비라는 결론을 탄다.
물의 굴곡이 물밑을 패듯 한날의 감격들이 자신이란 사람을 알 때, 현실 속 쓰라림과 환희가 여기저기 같이 흩어져 있게 되는 것이다.
언제나 삶의 여신은 그렇게 모른다는 순수한 정답의 편에 서 있게 되어 있는 것.
바로 시간에 기대어 자연스러운 마감과 결국 끝까지 싸워내는 자들에게 그리움이라는 이익이 주는 감동이 삶의 전체 위에서 감격의 허락을 내리게 된다.